CE QUE

TOUT LE MONDE PENSE,

CE QUE

PERSONNE NE DIT.

CE QUE

TOUT LE MONDE PENSE,

CE QUE

PERSONNE NE DIT;

PAR J. FIÉVÉE,

AUTEUR DE LA CORRESPONDANCE POLITIQUE ET ADMINISTRATIVE.

Si cependant, avant que les circonspects en soient
avertis, une réputation s'élève dans le parti royaliste
et prend action sur l'opinion, les circonspects s'en
emparent. En peu de temps, la France cherche ce qu'est
devenue cette réputation, et ne la trouve plus : les
circonspects l'ont dirigée
(*Quelques Réflexions sur les trois premiers mois
de 1820*, pag. 142.)

SECONDE ÉDITION.

A PARIS,

CHEZ LE NORMANT, IMPRIMEUR-LIBRAIRE,

RUE DE SEINE, N° 8, PRÈS LE PONT DES ARTS.

MDCCCXXI.

CE QUE

TOUT LE MONDE PENSE,

CE QUE

PERSONNE NE DIT.

———

L'HABITUDE qu'on a prise en France de faire reposer la politique sur des opinions, a conduit nécessairement à isoler les faits de leurs conséquences. Les esprits s'épuisent dans les vains efforts qu'ils font pour comprendre chaque événement sans le rapprocher des événemens qui l'ont précédé. On demandoit de bons députés pour sauver la monarchie et même la civilisation de l'Europe, comme si on n'avoit jamais eu de bons députés ; et personne ne s'inquiétoit de ce qu'on en feroit, quand on en auroit obtenu de bons ; c'étoit cependant là qu'étoit la question. Bonne ou mauvaise, toute Chambre est destinée à se trouver en présence d'un ministère ; elle doit seconder le gouvernement, si la direction du gouvernement est rassurante ; elle doit le combattre, si cette direction est alarmante ; et les mêmes députés qui seroient parfaits pour appuyer un ministère habile, peuvent être d'une foiblesse désespérante pour remettre dans les véritables voies un ministère qui s'en seroit écarté. S'il suffisoit d'être royaliste pour bien conduire un royaume, ou d'être républicain pour maintenir une république en honneur et en prospérité, la politique ne seroit pas une science, l'histoire ne nous offriroit qu'un spectacle de stabilité ; car on ne conçoit pas alors comment les royaumes tomberoient en dissolution, et les républiques en anarchie. C'est en comptant les opinions pour tout et les faits et les talens pour rien, que le peuple réputé le plus spirituel de l'Europe finiroit par en être le plus ignorant, et que, toujours agité par la discussion des grands intérêts sociaux qui sont devenus la pensée habituelle des peuples modernes, il paroîtroit sans cesse en arrière du mouvement qu'il a lui-même

donné aux esprits. Il est donc toujours nécessaire de revenir un peu sur le passé, pour
préjuger ce qu'on peut attendre d'une situation présente et nouvelle.

Après trente ans de révolution, à la suite
des événemens qui avoient ramené le Roi
légitime, les royalistes se virent réduits à
faire un parti, position déplorable, qu'ils
n'avoient pas cherchée, mais qui est bien
moins neuve dans l'histoire de notre monarchie qu'on n'a l'air de le croire. La
royauté en France a toujours été considérée
comme une des libertés nationales, et toutes
les fois qu'elle s'écartoit des conditions de
son existence, ses plus sincères partisans faisoient opposition à la marche du gouvernement, dans l'intérêt même de la durée de la
royauté.

Le ministère qui, par l'ordonnance du
5 septembre, s'étoit séparé violemment des
royalistes, donnoit pour motif public de sa
conduite la prudence indispensable à un
gouvernement qui, ayant tout à concilier,
devoit craindre l'exaspération, l'exigence
d'hommes dont les opinions triomphoient

après trente années de systèmes et de révolutions. On peut croire que ce motif public ne fut pas la raison déterminante du ministère. L'exagération des sentimens des royalistes n'étoit alors et ne pouvoit être qu'une sensation individuelle contre laquelle le gouvernement avoit plus de forces qu'il ne lui en falloit, s'il n'avoit voulu sérieusement que prévenir ce qu'elle pouvoit avoir de dangereux. Il seroit donc oiseux de rechercher s'il y avoit des royalistes follement hostiles contre les intérêts qu'il s'agissoit de concilier. Il y a de la folie et de l'hostilité dans toutes les opinions qui servent de bannière aux divers partis. Ce qu'il faudroit examiner, c'est si la majorité de la Chambre de 1815, expression publique de l'opinion royaliste, alarmoit la France par des dispositions à favoriser le pouvoir absolu, et si elle suivoit un système à cet égard. Je crois pouvoir affirmer que plus elle mettoit ses sentimens en dehors, et plus il étoit hors de doute qu'elle n'avoit pas de projet formé, de doctrines secrètes. *Ce sont les persécutions, les injustices qui accoutument les partis aux arrière-pensées;*

et, jusqu'à l'ordonnance du 5 septembre, la majorité de la Chambre de 1815 n'a pu avoir à se reprocher qu'une plénitude de bonne foi.

Son crime aux yeux du ministère, sa véritable recommandation auprès de la postérité a été et sera au contraire d'être entrée franchement dans le système des libertés publiques. Que ce fût par goût ou par nécessité, toujours est-il vrai que les royalistes ne pouvoient faire opposition aux ministres du Roi qu'en inscrivant sur leur bannière quelque chose qui n'étoit pas sur la bannière des ministres. Une fois cette ligne de démarcation établie, elle ne pouvoit disparoître que si les ministres adoptoient l'union des libertés et du pouvoir, ou bien dans le cas où les royalistes effaceroient de leurs enseignes les libertés pour n'y laisser que la royauté.

Le ministère a-t-il abandonné son système? la minorité de la Chambre de 1819, héritière des doctrines de la majorité de 1815, a-t-elle sacrifié le dépôt qu'elle avoit reçu? Telle est la question qu'il s'agit d'examiner pour connoître la situation des hommes et des choses.

Avoir posé cette question, si simple, c'est avoir approché bien près de sa solution.

Quoi qu'on ait pu écrire d'un contrat primitif entre les peuples et ceux qui les régissent, personne n'a choisi le gouvernement sous lequel il vit, pas même ceux qui croient avoir coopéré à la création d'un gouvernement. Les antécédens sont toujours plus forts que les hommes; tout ce qu'ils peuvent est de modifier les formes; c'est beaucoup; c'est tout même, quand les modifications s'accomplissent selon les mœurs générales d'une nation. Eh bien encore, on ne préfère pas une forme de gouvernement à une autre forme, uniquement par raison; ce seroit trop attendre de l'humanité; et les situations personnelles ont toujours une grande influence sur les déterminations. Seroit-il donc si difficile de classer en France les situations qui admettent par instinct la défense publique des intérêts, but du gouvernement représentatif, et les situations qui redoutent que cette défense publique ne s'établisse? On auroit trop d'avantages en traitant cette question dans sa généralité; et je crois qu'on ne risqueroit rien à la renfermer dans la classe des hommes qu'on accuse plus que jamais d'être opposés aux libertés publiques.

Avant la révolution, on distinguoit trois noblesses en France, la noblesse de cour, la noblesse de province, et la noblesse de robe. J'écarterai ici la noblesse de robe, parce qu'elle n'étoit qu'une illustration ajoutée à un pouvoir réel, illustration justement désirée par les magistrats ; ce qui a du pouvoir devant toujours tendre à se mettre au plus haut point de distinction, selon les mœurs du temps. Le pouvoir politique de la magistrature ayant cessé par la chute des parlemens, par une autre manière de considérer l'application de la justice, il n'y a plus, il ne peut plus y avoir de noblesse de robe. Les familles qui, sous l'ancien régime, ont acquis de l'illustration par l'exercice des fonctions judiciaires, sont aujourd'hui confondues dans ce qu'on appeloit alors la noblesse de cour et la noblesse de province.

La noblesse de cour (je ne parle ici que des opinions qui naissent d'une situation) peut désirer que tout pouvoir et toute action se concentrent dans la royauté, que

l'administration ne subisse pas l'épreuve
d'une discussion publique, parce que cette
noblesse met les honneurs productifs, les
faveurs des rois, la facilité de s'emparer des
emplois, au nombre de ses moyens de for-
tune. Quoique l'esprit de cour passe pour
être opposé à l'esprit de commerce, il suffit
d'avoir un peu lu pour savoir qu'il se fait
plus d'affaires d'argent dans les palais que
dans les boutiques. Les places judiciaires ne
sont devenues en France publiquement et
légalement vénales, que parce que le gouvernement les accordoit *gratis* aux sollici-
tations des courtisans, qui les vendoient ensuite au plus haut prix. Pour ne plus être dupe,
le gouvernement les vendit lui-même.

La noblesse de province, ayant fondé
son existence sur le produit de ses propriétés,
son avenir sur leur amélioration, ne peut,
malgré quelques préjugés qui s'affoiblissent
chaque jour, avoir de la répugnance pour
une forme de gouvernement qui promet de
l'ordre dans l'administration des revenus
publics, et qui, en appelant les grands propriétaires à être les régulateurs de cet ordre,

leur ouvre une nouvelle carrière d'illustration. Sous l'ancien régime, pendant la paix,
la noblesse de province n'avoit plus aucune
manière de se distinguer; rien ne l'engageoit
à perfectionner son éducation sous le rapport
des intérêts publics, excepté dans les pays
d'Etats; aussi la révolution l'a-t-elle trouvée
au-dessous des difficultés de sa position. Il
ne doit plus en être de même aujourd'hui.

Si on saisit la distinction entre les opinions
générales et les opinions qui se déterminent
par une situation personnelle, on comprendra
dra pourquoi la Chambre de 1815 étoit
entrée franchement dans le système des
libertés publiques. La noblesse de province
étoit en nombre dans cette Chambre. Il étoit
impossible qu'elle voulût sérieusement détruire une forme de gouvernement qui lui
donnoit à la fois des garanties contre l'enva-
hissement de ses propriétés par le fisc, et,
dans l'Etat, une importance qu'elle avoit
perdue depuis long-temps. On comprendra
de même que les élections de 1816 ayant
été faites aux cris *à bas les nobles!* et les
élections de 1817 et 1818 ayant été dirigées

dans l'intention, toujours plus fortement
prononcée, d'écarter les grands propriétaires, la noblesse de province dut mettre
moins de prix à une forme de gouvernement
qui, loin de lui être profitable, n'étoit plus
pour elle qu'un sujet annuel d'humiliation
publique. Dès lors, les regrets du temps où
le pouvoir absolu existoit se firent entendre ;
et ces regrets trompèrent les esprits qui ne
vont jamais au fond des choses ; ils crurent
avoir fait des conquêtes contre le gouvernement représentatif, et que la France royaliste abandonneroit sans efforts la défense
publique des intérêts. S'ils avoient réfléchi,
s'ils avoient seulement observé ce qui se
passoit autour d'eux, ils auroient remarqué
que plusieurs membres du côté gauche
avoient déclaré à la tribune qu'ils préfére-
roient un despotisme régulier dans sa marche,
aux tergiversations ministérielles, et que cependant il auroit été absurde d'en conclure
que les membres du côté gauche se prête-
roient à l'établissement du despotisme. La
dernière loi des élections ayant favorisé la
grande propriété et augmenté le nombre des

députés, il étoit facile de prévoir que les préventions favorables au gouvernement représentatif renaîtroient des situations personnelles, et que la noblesse de province pardonneroit à une forme de gouvernement dans laquelle les chutes ne sont pas sans retour, les injures sans réparation, et les fautes sans rémission.

Les libertés publiques ne s'établissent et ne se maintiennent nulle part sans contestation et sans efforts; les échecs qu'elles éprouvent quelquefois peuvent bien inspirer un moment de découragement, mais ne sont jamais un motif pour qu'une nation y renonce, surtout quand elles se lient à ses mœurs et à ses intérêts. Certes, les plaideurs qui ont perdu leur procès, et souvent même ceux qui l'ont gagné, peuvent regretter que les lois leur aient permis d'appeler d'un tribunal à un autre, et de celui-ci à la Cour de cassation; et cependant si le législateur retranchoit un seul des degrés de la juridiction établie, on crieroit généralement que toute justice est sacrifiée. Il en est de même des peuples qui sont entrés dans le système de la défense publique des intérêts ; ils peuvent se plaindre de la nécessité de s'adresser à plusieurs pouvoirs ; ils peuvent s'irriter de la difficulté de les mettre d'accord, et souvent trouver qu'ils n'en sont ni mieux administrés, ni plus épargnés ; et cependant si les formes étoient abrogées, si les pouvoirs se réduisoient à un, bientôt les mêmes esprits qui les auroient condamnés les regretteroient. Cela est dans la nature du cœur humain. Ce qu'on appelle l'inconstance des peuples n'est, comme l'inconstance des hommes, que le souvenir d'un état passé, mis légèrement en balance avec la sensation d'un état présent.

Le monde politique seroit donc livré à toutes les fluctuations qui naissent des sentimens personnels, et la forme des gouvernemens varieroit selon que les diverses situations sociales trouveroient leur avantage à maintenir ou à abandonner telle ou telle forme de gouvernement, s'il n'y avoit matériellement au fond des choses une force qui résiste à nos mécontentemens, et, dans nos esprits, quelque chose de plus impérieux que nos caprices. Ce qui maintient la société matérielle, ce sont les intérêts; ce qui maintient l'union des esprits, ce sont les doctrines. Si la minorité de la Chambre de 1819, reste de la majorité de 1815, a sacrifié les doctrines qu'elle avoit reçues en dépôt, pour contracter alliance avec le ministère, si le sacrifice a été fait sans arrière-pensée, et d'un accord général, il est certain que nous verrons les royalistes et les ministériels marcher ensemble dans toutes les circonstances; si au contraire la minorité de la Chambre de 1819 n'a renoncé aux doctrines de la majorité de 1815 que par foiblesse et dans des vues personnelles, nous verrons les royalistes et les ministériels se désavouer, sans s'apercevoir même qu'ils le font; les royalistes seront même entre eux dans des préventions continuelles; ils se diront unis, et sentiront sans cesse qu'ils sont divisés; car ce n'est que par la conviction des doctrines semblables qu'il peut y avoir accord dans les esprits.

Nous rechercherons bientôt si les faits confirment ou démentent les idées que nous venons d'établir; si les hommes qui ont trahi les

doctrines qu'ils avoient jusqu'alors professées se sont débarrassés d'un fardeau, ou
s'ils ont renoncé à la seule force réelle qui
fût en eux ; et si leur habileté les élevera au-
dessus des difficultés de leur position.

· Le ministère avoit plus d'intérêt à changer la loi des élections que les royalistes.
Après s'être porté jusqu'aux dernières limites
du parti libéral, il falloit nécessairement
qu'il finît par tomber dans la dépendance
de ce parti, à moins que les royalistes ne se
prêtassent à l'aider à revenir sur ses pas. On
ignore si les ministres du Roi auroient eu le
courage de se mettre publiquement à la tête
des libéraux ; mais on est autorisé à croire
que les libéraux, une fois bien assurés de former la majorité, auroient trouvé plus sage de
renvoyer le ministère, que de s'unir à lui. Les
élections de 1819, faites selon l'ancienne loi
et dans le même esprit, tuoient donc inévita-
blement et les ministres, et leur fatal système.

Sans doute les royalistes se seroient plus
que jamais trouvés en minorité dans la
Chambre ; mais les royalistes de France ne
sont pas tous dans la Chambre, et l'action

qu'ils exercent sur les destinées de leur patrie ne dépend que conditionnellement de
l'esprit qui éclate à la tribune. Les événemens l'ont prouvé, puisque la puissance de
l'opinion royaliste augmentoit au dehors, à
mesure que le côté droit s'affoiblissoit. Certes,
c'est bien sans le secours de la tribune, et
malgré l'incroyable silence des députés royalistes, que les affaires de Lyon et de Gre-
noble se sont éclaircies, que l'opinion de l'Europe a été éclairée sur les infâmes calomnies
répandues contre les partisans de la royauté ;
calomnies qui reprennent de l'ascendant,
quoiqu'il y ait aujourd'hui plus de royalistes
dans la Chambre. J'expliquerai bientôt à
quoi tient ce double effet, et on en con-
clura avec raison que M. de Villèle n'étoit
plus depuis long-temps l'organe de l'opinion
royaliste, quoiqu'il restât toujours le con-
ducteur des députés du côté droit.

Mais enfin si l'existence du ministère dé-
pendoit absolument d'un changement dans
la loi des élections, et si l'existence, la
force des royalistes n'en dépendoient que
très-conditionnellement, il suffisoit que

l'intérêt du ministère se rapprochât par quelques points de l'intérêt des amis du trône,
pour qu'une conciliation devînt possible et
qu'elle fût politiquement sage. Il ne s'agissoit que d'en régler les conditions, et d'établir par quels sacrifices réciproques elle
devoit s'opérer. J'appuie sur la nécessité
des sacrifices réciproques : où un parti cé-
deroit tout, tandis que l'autre n'accorde-
roit rien, il n'y auroit pas conciliation; mais,
d'une part, abandon des principes jusqu'a-
lors professés; et, de l'autre, intention évi-
dente de persister dans le même système.

La minorité royaliste de la Chambre de
1819 ne pouvoit disposer à son gré des
doctrines de la majorité de 1815 ; ces doctrines ne lui appartenoient pas : elle en aura
la preuve; et l'on verra bientôt le chef de cette
minorité, n'ayant plus pour se faire suivre
que la confiance qu'il réclame pour sa personne, tomber aussi bas qu'il s'étoit élevé,
sans pouvoir comprendre peut-être qu'il
n'étoit grand que des doctrines dont nous
lui avions confié la défense; que nous ne
l'avions fait grand que pour donner plus

d'éclat à nos doctrines ; et qu'abandonné à lui-même, sans talent pour écrire, assez commun d'expressions comme orateur, ne pouvant plus être comparé qu'avec les ministres qui l'ont admis à côté d'eux, jugé sans faveur comme sans injustice, il ne sera ni le plus habile en ressorts secrets, ni le plus éloquent des ministres auxquels il est adjoint. Comme député du côté droit, nous l'avions fait le premier ; et ce mot premier a été de tous temps le plus grand des titres dans les choses dont l'opinion seule décide ; ce n'est pas l'opinion seule qui décide de la prééminence entre les ministres. Sans portefeuille, sans département particulier, où connoîtra-t-on son talent pour les affaires ? Si sa présence au conseil des ministres n'est bonne qu'à les éclairer, il y avoit plus de gloire à les éclairer en restant le premier des députés royalistes. Où sera la gloire à appuyer publiquement les projets ministériels, lorsque tout le monde sait que, dans telle position connue, il n'y a plus qu'à se retirer dès qu'on ne les approuve pas ?

Si la Chambre de 1820 , malgré les espérances un peu folles que la France en avoit conçues, laisse les choses ce qu'elles étoient avant qu'on l'appelât pour sauver la monarchie et la civilisation de l'Europe, la minorité de 1819 sera accusée d'avoir employé l'expérience qu'elle avoit acquise dans les sessions précédentes pour entraîner ses nouveaux collègues dans le système d'abandon qu'elle avoit adopté; si au contraire il se trouve, parmi les nouveaux députés, des hommes dignes de servir d'expression à l'opinion publique, ils rappelleront le parti royaliste à ces nobles doctrines de l'union de la royauté et des libertés publiques : nous sentirons tous les pouvoirs reprendre leur force naturelle ; et leur succès sera la condamnation de ceux qui les ont abandonnées.

Le monde n'a jamais été gouverné que par des doctrines et des talens. Cette vérité qu'il faut chercher dans l'histoire des peuples anciens et des peuples barbares, mais qu'on découvre toutes les fois qu'on la cherche, est devenue d'une évidence palpable pour les peuples chrétiens. A mesure que la civilisation avance, l'histoire ne s'occupe plus uniquement de ceux qui gouvernent; on sent que les nations ont une force qui n'est pas concentrée dans l'administration. Les papes, sans pouvoir à Rome, et quelquefois chassés de cette ville, siége de leur puissance, gouvernoient le monde entier par des doctrines; et le dernier ordre religieux que l'Europe n'ait plus voulu supporter quand elle ne voulut plus être gouvernée, dont l'ascendant fit à la fois frémir les peuples et les rois, avoit établi sa direction sur des doctrines, et sa domination par des talens.

Renoncer aux doctrines du gouvernement qu'on est appelé à défendre, et se soutenir avec éclat dans l'opinion publique, est une chose impossible. Dès que la publicité des débâts est admise, les conditions de confiance sont déclarées. Si jusqu'ici aucun ministre et aucun ministère n'ont obtenu de majorité fixe dans les Chambres, de véritable crédit sur la France, c'est que la versatilité de leurs principes a toujours fait soupçonner qu'ils ne vouloient pas laisser apercevoir le but auquel ils tendoient : dès lors on leur a prêté des vues plus profondes qu'ils n'en avoient peut-être. On ne parvient à établir le pouvoir absolu avec des sous-entendus, que dans les pays où personne n'a le droit de s'adresser au public. Sacrifier la liberté individuelle, la liberté de la presse, et laisser la liberté de la tribune, ce n'est rien faire pour le pouvoir absolu. C'est sans doute par le sentiment secret de cette vérité que nous voyons si souvent proposer à la Chambre des Députés de changer son réglement; on voudroit l'enchaîner par ses propres mains, afin de la ramener à cet état si heureux pour le pouvoir, et si fatal pour la France, où, sous le nom de corps législatif, elle votoit les hommes, les impôts, la destruction de la propriété et de la civilisation, et ne délibéroit pas. Les ministres trouveroient cela commode; ils ne devroient pas oublier que, sous Buonaparte, créateur d'un corps législatif muet, les ministres avoient des conditions si dures, par l'extrême vivacité du maître, qu'il y avoit conscience à leur éviter le froissement d'une délibération publique; tandis que, dans la douceur actuelle de nos

mœurs, ils pourroient perdre la France trop
à l'aise, si la tribune étoit muette. Chaque
situation a ses avantages et ses désagrémens.

Sans doute il étoit désagréable pour les
députés royalistes d'être en minorité sous
le gouvernement du Roi : cette position
n'étoit pas soutenable ; mais elle n'étoit pas
de leur choix, et dès qu'on avouoit qu'elle
avoit mis la monarchie en péril, on conve-
noit en même temps que le tort étoit du côté
du ministère, qui persécutoit les royalistes
dans les élections ; car le péril de la monarchie ne venoit pas de ce que les royalistes
étoient en minorité, mais de ce que les libéraux étoient en majorité. Dans un gouvernement représentatif, ce n'est jamais la minorité qui fait trembler le pouvoir ; c'est au
contraire ce qui le rassure. Pour sortir d'une
position pénible, mais extrêmement honorable, les royalistes de la Chambre de 1819
n'avoient rien à offrir ; on les avoit dépouil-
lés de tout : les doctrines de leur parti ne
leur appartenoient pas ; cependant ils s'em-
pressèrent de les sacrifier au désir de s'unir
au ministère. Tout le monde eut l'air de

croire que l'union étoit faite, qu'il n'y avoit plus de tiers parti, et que dorénavant nos Chambres délibérantes n'offriroient plus que des royalistes d'un côté, des libéraux de l'autre. C'est ainsi que les journaux annoncèrent en effet le résultat des élections : tout ce qui n'étoit pas royaliste fut proclamé libéral, tout ce qui n'étoit pas libéral fut proclamé royaliste; nous paroissions enfin débarrassés de ces ministériels qu'on peut comparer aux muets du sérail, toujours prêts à étrangler, non les hommes, mais le bon sens, les libertés, les discussions, sur un signe de leurs maîtres. Vain espoir ! avant l'ouverture de la session, on apprit que les députés royalistes se réunissoient entre eux, comme auparavant, dans le même lieu, sous la même direction, et que les ministériels faisoient de même; et bientôt on n'entendit plus parler dans le monde que des conditions que les royalistes proposoient au ministère, et des *garanties* qu'ils exigeoient avant de s'engager à le secourir. Les royalistes ressembloient alors à une garnison qui, ayant laissé entrer l'ennemi dans la place, ayant brisé ses drapeaux et ses armes, voudroit discuter les conditions de la capitulation. La place étoit prise. Les royalistes se trouvèrent réduits à suivre, à tout hasard, celui qu'ils ne pouvoient encore s'empêcher de regarder comme leur chef. L'homme avoit pris la place des doctrines; ce qui, en toute affaire de ce genre, est un signe de mort.

On discutoit gravement dans les réunions, dans les salons et dans les cafés, pour savoir si M. de Villèle *devoit* entrer au ministère; et, quelques jours plus tard, on s'inquiétoit beaucoup pour savoir s'il *pourroit* y entrer. Les gens sensés souroient de cette question d'honneur et de cette inquiétude.

Si M. de Villèle est resté chef de nos doctrines, s'il a plus de talens oratoires, plus de connoissances positives que les autres députés royalistes anciens et nouveaux, il est assez indifférent qu'il entre au ministère, ou qu'il reste à la tête des royalistes de la Chambre; s'il n'est plus le chef de nos doctrines, si la force qu'il en tiroit n'est plus en lui et passe à d'autres, député ou ministre,

il ne sera rien. Les événemens ont arrangé
les choses d'une manière toute particulière ;
on discutoit encore si M. de Villèle *devoit* ou
pouvoit être ministre, lorsque *le Moniteur*
nous révéla que, par des calculs qui n'avoient
pas dépendu de lui, il se trouvoit planté sur
les limites du devoir et du pouvoir ; position fort commode pour porter des paroles
du ministère aux royalistes, sans être obligé
de se cacher de voir les ministres ; mais
voilà tout ; car, sous tous les autres rapports,
cette position est dangereuse comme tout
ce qui est équivoque.

Cet exemple ne sera pas perdu sans doute
pour les députés que les élections viennent de
nous envoyer. En considérant la haute place
que M. de Villèle occupoit dans l'opinion,
et ce qu'il peut devenir, ils comprendront
qu'une fois la forme du gouvernement établie, et les doctrines de ce gouvernement
professées, il n'appartient plus à personne de
mettre la force ou les finesses de son esprit à
la place des principes avoués ; qu'en se
croyant quelque chose hors de la tribune,
en usant en petites négociations, dans les-

quelles l'homme se compte toujours pour
trop, le talent qu'il devoit réserver à la défense publique des intérêts, un député finit
par se trouver dans une situation pénible.
Non seulement les députés royalistes et les
députés ministériels ne sont pas unis; mais
il y a entre les députés royalistes des facilités de rupture qui n'existoient pas en
1819 ; et cette session, proclamée d'avance
comme devant produire des choses mira-
culeuses, ne se passera dans un calme
apparent qu'autant que le ministère n'appor-
tera aucun projet qui nécessite les esprits à
sortir de la torpeur dans laquelle ils sont
plongés. Le moment présent rappelle ces
époques où Catherine de Médicis, passant
brusquement d'un parti dans un autre, dé-
concertoit tellement toutes les pensées que
l'étonnement produisoit le repos; mais les
esprits se démêloient bientôt de cette confusion ; et les partis se reformoient plus forts,
plus actifs qu'auparavant. Il y a cependant
cette différence entre ces temps et les nôtres,
que les malheurs dont la France étoit alors
menacée tenoient surtout à ce que trop

d'hommes éminens en courage et en talens politiques se montrèrent à la fois, et que nous sommes à l'abri de ce danger.

Prenons les choses comme elles sont, puisque ce n'est que sur les faits accomplis que s'appuie la véritable politique. Sans blâmer et sans approuver l'union du ministère et des royalistes, sans rechercher comment elle auroit pu s'opérer, il suffit qu'elle existe, pour qu'on doive se borner à préjuger ce qui peut en résulter dans l'intérêt de la France ; une rupture ne remettroit pas les choses au point où elles étoient ; les événemens ne rétrogradent pas, et le vide qu'ils laissent en avançant est de suite rempli par des situations nouvelles.

Dans l'impatience de changer un système électoral auquel ils attribuoient tous leurs maux, les royalistes se livrèrent sans condition ; le ministère, qui avoit un intérêt plus pressant que les royalistes à sortir de ce système, obtint ce qu'il désiroit, sans avoir fait aucune concession. A ne considérer que ce qui venoit de se passer dans la Chambre, le ministère étoit réellement victorieux. Dans

l'influence qu'il exerce sur les colléges élec-
toraux, il pouvoit suivre ses anciens erre-
mens, et continuer à chercher le termemoyen
entre les deux opinions qui partagent les
esprits ; il ne le fit pas ; il eut raison. Dans la
nomination des présidens de colléges élec-
toraux, il présenta aux électeurs des candi-
dats royalistes ; et quoique des exclusions
imprudentes, puisqu'elles devoient être inu-
tiles, aient prouvé que les ministres préfé-
reroient toujours les députés qui approuvent
aux députés qui discutent, les royalistes en
général n'eurent aucun motif de regretter
l'union formée. Faite sans condition, les conditions que le bon sens auroit exigées s'ac-
complissoient d'elles-mêmes.

On avoit demandé de bons députés, on
en avoit ; du moins ils avoient été proclamés
tels par les journaux au moment de leur
élection. La question étoit de savoir ce qu'on
en feroit ; et cette question devenoit embar-
rassante en observant la composition de la
Chambre formée de trois divisions prononc-
cées, sans compter les subdivisions possibles.
Les ministériels avoient repris leur position

centrale, comme s'ils n'avoient pas été dé-
clarés royalistes; les royalistes reprenoient
leur position de droite, comme s'ils ne
s'étoient pas fait publiquement ministériels.
L'union n'étoit pas dans les esprits, parce
que l'union des esprits ne peut s'opérer que
par l'accord des doctrines. Les ministériels
se font gloire de n'en point avoir; les royalistes ont renié celles qu'ils avoient professées; le ministère n'a jamais laissé deviner
les siennes, ce qui a établi assez généralement la présomption, ou qu'il n'a pas de
principes fixes, ou que ceux qu'il a ne sont
pas en rapport avec la forme du gouvernement établi. Et pourtant, malgré cinq années
de tentatives dangereuses, le gouvernement
représentatif a fait des progrès dans l'esprit
même de ceux qui le repoussent clandestine-
ment, car on convient de toutes parts qu'il
ne peut marcher qu'avec une majorité fixe,
et on la cherche comme l'unique moyen
d'avoir une session digne des espérances
qu'on avoit fait concevoir aux électeurs,
lorsqu'on les avertissoit modestement que,
de leur choix, alloient dépendre le salut de

la monarchie française et le maintien de la civilisation de l'Europe.

Il y a une grande différence entre une majorité fixe et une majorité conditionnelle. En supposant, ce qui n'a jamais été et ne sera jamais, qu'il n'y ait pas de partis dans une assemblée délibérante, les ministres ne pourroient y obtenir qu'une majorité conditionnelle ; c'est-à-dire que les projets qu'ils apporteroient ne seroient discutés que par la raison, et ne recevroient que l'approbation de ceux qui auroient la conscience de leur utilité. De braves gens, qui ne voient même pas ce qui se passe dans leur famille, peuvent désirer que cela soit ainsi, et que, pour y parvenir, on ne nomme députés que des hommes sans passions, sans ambition, sans cupidité, capables d'embrasser les intérêts d'État et d'administration avec assez de certitude pour juger d'un seul coup toutes les conséquences des lois proposées. Je ne sais combien il y a en France d'hommes de ce genre, mais je doute qu'on puisse en former une Chambre de Députés, même quand tous les amours-propres se retireroient pour leur faire place

aux élections. Comme les autres gouvernemens, le gouvernement représentatif ne
mettra jamais en évidence que ce qu'il y a
dans toutes les nations ; et quoiqu'il soit
certain que le bon sens finisse toujours par
être le maître des affaires , ce n'est point
parce que le bon sens domine chez le plus
grand nombre, mais parce que ce qui s'écarte
des conditions qu'il impose ne parvient pas
à s'établir. Mais à travers les passions naturelles à l'homme , chacun a l'instinct de ses
intérêts, selon la position qu'il occupe dans
l'ordre social; le gouvernement représentatif, en mettant les intérêts en présence,
afin qu'ils se heurtent , s'éclairent et se con-
cilient, ne peut pas désirer que les représentans de ces intérêts divers pensent un à
un et sur chaque question ; il lui est plus
commode qu'ils se rangent sous des ban-
nières pour donner de l'ensemble à leurs dé-
cisions. Cela est si naturel, que cela se passe
toujours ainsi dans toutes les assemblées ,
même dans celles qui ne sont pas politiques.

Avec une majorité conditionnelle, aucun ministère ne pourroit faire une faute impunément; une majorité conditionnelle ne se formant que des assentimens donnés par la raison, cette majorité se retireroit devant toute proposition qui ne lui paroîtroit pas parfaitement raisonnable. Cependant, pour avoir des ministres, il faut consentir à en garder qui fassent des fautes; ils sont hommes; ils agissent au milieu de circonstances qu'ils n'ont pas choisies. Pour avoir un gouvernement actif, il ne faut pas qu'il soit jugé sans pitié sur chacun de ses actes, mais avec équité sur l'ensemble de sa conduite. Une majorité fixe ne peut donc exister qu'autant que le ministère est produit par l'opinion dominante dans la Chambre des Députés, ou que le ministère déjà en exercice s'unit à l'opinion qui domine; alors il marche sans embarras, non sans commettre des erreurs; mais si l'opposition est là pour en exagérer les conséquences, la majorité est là pour les couvrir, tant qu'elles ne sont pas d'une gravité telle que l'ensemble du système adopté en soit dérangé. Dans les majorités fixes, il y a souvent autant d'in-

dulgence que d'approbation ; mais pour être
indulgent sur les détails, il faut être rassuré
par une confiance réciproque sur le fond
des choses ; et il est certain qu'en ouvrant la
session, le ministère ne comptoit que conditionnellement sur les royalistes, et que les
royalistes n'avoient dans le ministère qu'une
confiance qui auroit volontiers demandé
caution.

Les ministres n'avoient que deux manières
de donner caution aux royalistes, et de
former enfin une majorité fixe avec laquelle
on auroit assez bien arrangé les affaires de
la monarchie française pour n'avoir plus à
s'occuper du sort de la civilisation de l'Europe. La première manière étoit d'appeler
au ministère assez de royalistes pour qu'ils
n'eussent plus à craindre de voir employer
leur confiance à faire admettre des projets
contraires aux intérêts du trône ; la seconde,
en gardant le ministère tel qu'il étoit, con-
sistoit à lui faire ouvrir la session par une
déclaration de principes qui, sans la moindre
réserve, annonçât le but auquel il vouloit
tendre. Dans le premier cas, on s'unissoit

par la réputation des hommes; dans le second, l'union se formoit par l'accord des
principes. Ce dernier moyen étoit le plus
facile et le plus sûr; car les députés royalistes, en renonçant à leurs doctrines, en
abandonnant les libertés publiques pour se
consacrer au pouvoir, avoient eux-mêmes
rendu dangereuse leur entrée au ministère;
et, lors même qu'ils y auroient montré beaucoup de modération, ils auroient eu de la
peine à vaincre les préventions que fait
toujours naître l'abandon des principes qu'on
a professés.

Comme il n'y a en France que des demi-
volontés, le bien et le mal ne s'y font jamais
qu'à demi; deux royalistes seulement ont
été appelés non au ministère, mais à la porte
du ministère, ce qui n'a pas consolidé
l'union qu'on espéroit de fonder par la réputation des hommes, et par conséquent n'a
pas formé cette majorité fixe dont on sent
le besoin pour aborder les grandes questions auxquelles tient l'avenir de la France.
En admettant dans les demi-ministres un
talent décidé pour les affaires, ce qui ne se

connoît jamais que par l'événement, ce ta-
·lent deviendroit nul par cela même qu'on
les a placés dans une situation fausse; il
pourroit devenir dangereux par les efforts
nécessaires qu'ils doivent faire pour en sortir. Il faudra que le ministère en vienne à
une déclaration de principes s'il veut acquérir une force réelle. Il sentira alors qu'il n'y
a d'action continue dans un gouvernement
où la publicité est admise, qu'en adoptant les
doctrines publiques de ce gouvernement.

Depuis cinq ans le ministère s'est épuisé
en mouvemens, sans avoir fait un seul pas;
il a augmenté, diminué, puis de nouveau
augmenté le nombre des députés, sans autre
résultat pour lui que d'avoir détruit l'ordonnance du 13 juillet, pour traverser l'ordonnance du 5 septembre, et revenir à l'ordonnance du 13 juillet; semblable à ceux qui,
après s'être harassés en parcourant un laby-
rinthe, n'ont d'autre joie que de retrouver la
porte par laquelle ils sont entrés. Il a appelé
les royalistes contre les libéraux, puis les
libéraux contre les royalistes, et de nouveau
les royalistes contre les libéraux, sans pou-

voir se dire à lui-même desquels il se trou-
vera le mieux. En travaillant à former un
tiers parti, il s'est fatigué en petites tracas-
series qui n'ont eu pour résultat que de tuer
toute majorité fixe, de mettre le pouvoir en
péril, et d'exalter des sentimens de liberté
d'autant plus à craindre qu'ils s'agitent dans
le vague. Il en auroit coûté cent fois moins
de peine pour marcher franchement dans la
route tracée par la forme du gouvernement
adopté. Les ministres doivent être las de
n'échapper à ceux qui veulent l'égalité absolue, qui est une absurdité, que pour trembler devant ceux qui ne veulent pas reconnoître de parité entre les choses semblables,
ce qui est une injustice. Telle est cependant
leur position. Une déclaration franche de
principes les en tireroit en leur donnant dans
la Chambre, et, ce qui vaut mieux, dans la
nation, une majorité fondée sur la confiance.
En cherchant cette majorité par l'adoption
simulée d'un homme, ils ne la trouveront
pas; car cet homme n'est rien, ne peut rien,
dès qu'il ne représente plus aucune doctrine.

3.

Que fera M. de Villèle pour l'ancien ministère, quand il est prouvé qu'il ne peut y
être complétement admis sans en déranger
les personnes et les combinaisons, à quoi il
doit trouver long-temps des obstacles? Ira-
t-il franchement prêter aux ministres les
voix des députés dont il dispose? On n'espère pas, sans doute, qu'il le fera dans les
mesures qui lui paroîtront contraires à ses
intérêts; et alors toute majorité par lui n'est
que conditionnelle. En accoutumant le côté
droit à une soumission non raisonnée aux
propositions ministérielles, n'auroit-il pas à
craindre que, cette habitude une fois prise,
elle ne se prolongeât sans lui et indépen-
damment de lui? D'ailleurs (et il faut bien
l'apprendre à la France qui avoit fondé
tant d'espérances sur cette session) ce n'est
plus comme orateur que M. de Villèle en-
traîne les députés dont il dirige les votes.
On n'étoit parvenu à lui faire un nom que
par les discours qu'il avoit prononcés un
cahier à la main; il n'improvise que sur les
détails d'amendemens qu'il dissèque avec
adresse. Si on se rappelle ses opinions sur les

abus insupportables de la bureaucratie, sur
les finances, sur la nécessité du pouvoir
communal, on se rappellera aussi que le
fonds en appartient aux écrivains politiques
contre lesquels il a montré depuis une si
puérile jalousie.

Cependant les orateurs ne devroient jamais oublier que ce sont les écrits qui ren-
dent faciles les discours de tribune. Les
écrits fixent les principes, préparent les esprits ; et l'orateur n'a plus qu'à courir à
l'effet. Le sujet qu'il porte à la tribune
ayant été traité d'avance, il peut se livrer
avec d'autant plus d'abandon, qu'il n'a pas
besoin d'être dogmatique. Les grands orateurs que nous avons pu entendre, ont
presque tous été des écrivains célèbres :
Burke, Fox, Shéridan, en Angleterre ; en
France, Mirabeau et l'abbé Maury. En Angleterre, de grands orateurs n'ont jamais
rien écrit ; ils ont fait mieux, ils étoient
hommes d'Etat, et ont dominé leur siècle.
M. Pitt nous en a fourni un exemple. Comme
personne ne peut être réputé homme d'Etat
avant d'avoir été à la tête des affaires pu-

bliques, les députés qui n'ont que la ressource des discours pour faire préjuger leurs talens, ne peuvent jamais sacrifier la liberté de la presse, ni redouter l'ascendant des écrivains politiques, sans affoiblir la tribune. Ce qui se passe aujourd'hui ne laisse aucun doute à cet égard.

Dans l'état où sont les choses, M. de Villèle ne pourroit donc pas répondre au ministère des anciens députés qui votoient avec lui, et des nouveaux qui sont arrivés avec les mêmes opinions, s'il n'avoit que la tribune pour les guider; et c'est là cependant qu'il est permis et honorable à des députés de reconnoître un chef. Le gouvernement représentatif a été transformé par M. de Villèle en un gouvernement de négociations; et c'est dans une réunion particulière que se décide ce qui ne devroit se décider qu'en public. Comme il faut, pour se faire comprendre, donner un nom aux choses dont on veut parler, j'appellerai cette réunion la Société-Piete, puisque c'est ainsi qu'on la désigne dans le monde. Là, les résolutions se prennent pour voter, non après une discussion éclatante, mais sur de petites considérations presque toujours étrangères au fond du sujet, et plus encore aux grands intérêts de la France. On ménage tel ministre incapable, parce qu'on croit savoir le nom de celui qui le remplaceroit si on précipitoit sa chute; on ne poussera pas le ministère en masse, parce qu'on sait qu'il pourroit former, d'un autre côté de la Chambre, une alliance avec laquelle il se passeroit du côté droit pour telle ou telle question. Un objet d'utilité générale ne sera pas présenté à la tribune, parce qu'on sait que les libéraux ont l'espoir d'en tirer parti pour se rétablir dans l'opinion publique; et si le ministère laisse la Chambre sans sujet de délibération, on en donnera de petits motifs qui calmeront toutes les impatiences, même celle de remplir un devoir. C'est ainsi que l'année dernière, deux mois après l'ouverture de la session, elle ne s'ouvrit réellement que par la commotion qui suivit l'assassinat du duc de Berry. Et lorsque la France a voulu une délibération publique pour mettre tous les intérêts en présence, et rester juge de la manière dont ils sont défendus, il arrive naturellement que les petits intérêts que s'est créés la Société-Piete, et plus encore les intérêts individuels de ceux qui la dirigent obtiennent la prééminence ; tout se rétrécit dans ces conciliabules ; la plus foible objection y déconcerte quelquefois les plus hautes pensées ; et les esprits se trouvent sans ressort lorsqu'ils ont à se produire en public.

Cette Société-Piete a d'autres inconvéniens très-graves ; ce qu'on y dit circule dans les salons, quelquefois plus bas, avant même que la discussion ne soit close ; les uns en sortent par ennui, les autres par humeur ; et par ennui ou par humeur, chacun va raconter ce qui vient d'occuper sa pensée. Quand les ministres n'y auroient pas leurs représentans, ils seroient instruits heure par heure de ce qui s'y passe ; et je ne sais s'ils sont bien flattés des concessions que leurs nouveaux collègues font quelquefois à leurs dépens, pour satisfaire les députés qui ont de la mémoire. En disant qu'il faut oublier le passé, on en parle ; et souvent il arrive que l'habitude l'emporte, et qu'on en parle comme autrefois. Dans cette réunion, le mi-

nistère peut étudier les députés beaucoup
mieux que dans la Chambre; ceux qui n'a-
bordent pas la tribune, s'en dédommagent
volontiers dans ces réunions ; car tout le
monde vise à l'importance; il ne faut que
rétrécir le cadre. Renfermez ensemble les
trois députés les plus muets, il y aura au
moins un orateur. D'ailleurs, ce qui échappe
à l'humeur et contre les partis, et contre les
nouveaux intérêts, prend dans ces réunions
une assez grande importance pour jeter de
l'effroi dans certains esprits; c'est ainsi qu'en
1815, et dans des réunions semblables, quelques députés fournirent, par des indiscré-
tions qui leur étoient propres, la matière des
calomnies répandues contre la majorité de
cette époque. L'accord ne règne pas toujours
dans la Société-Piete où on prépare l'unani-
mité des opinions; quelquefois le chef s'irrite
de l'indiscipline de ses soldats, et de la mal-
adresse de ses aides-de-camp ; quelquefois
aussi les soldats s'étonnent des manœuvres de
leur chef; si celui-ci fait une fausse démarche
en public, et que l'opinion murmure, il se
plaint en confidence d'être dirigé par ceux

qu'on croit qu'il dirige ; et ceux-ci à leur tour vont confidentiellement se plaindre de la manière dont ils sont dirigés. Telle est la constitution particulière du royaume de M. de Villèle ; c'est là qu'il a établi le siége de sa puissance ; c'est de là qu'il s'est élancé jusqu'à l'apparence du ministère; c'est de là qu'il espère s'élever jusqu'à la réalité.

Si les députés que la France entière a marqués du nom de ministériels recevoient habituellement un ministre dans leur réunion particulière, pour diriger leurs délibérations et fixer leurs mouvemens, un cri d'indignation se feroit entendre. Et parce que les députés du côté droit ne sont pas encore connus sous le nom de ministériels, l'inconvenance de la position où ils se trouvent ne les frappe pas ! Les nouveaux députés en sont plus étonnés qu'ils ne le paroissent. On leur dit que les choses se passoient ainsi avant eux; sans doute, et c'étoit déjà un grand mal. Mais ce qui peut convenir à une minorité, à une opposition, ne convient pas au plus grand élément de majorité possible. D'ailleurs M. de Villèle alors n'étoit que député, et comme tel il pouvoit guider une réunion de députés; depuis qu'il est ministre, cela est devenu intolérable.

M. de Villèle peut-il venir dans la Société-Piete pour y blâmer franchement les projets présentés à la Chambre par le ministère? Cela ne seroit pas loyal. Il en fait partie; il a assisté aux conférences ministérielles; l'honneur lui interdit de soulever une opposition. Il seroit aussi trop dur, pour un conseil de ministres, d'avoir livré le secret et quelquefois la foiblesse de ses motifs, pour qu'on fît de sa confiance nécessaire une arme contre lui. J'ai connu un directeur-général qui se faisoit bête à plaisir dans les sections du conseil d'Etat où ses projets étoient renvoyés pour être examinés. Ses argumens étoient si pauvres, qu'on auroit pris pitié de lui, si on n'avoit pas su qu'il mettoit de l'adresse à ne pas éveiller les esprits, et qu'en gardant pour la délibération en conseil général les motifs qu'il croyoit décisifs, il avoit l'immense avantage de trouver ses antagonistes sans préparation. Le ministère n'auroit d'autre parti à prendre, s'il pouvoit appré-

hender que M. de Villèle allât diriger la
Société-Piete en opposition, par les argumens
qu'il auroit puisés dans le débats ouverts au
conseil des ministres. Et s'il va à cette société pour y gagner des voix en faveur des
projets ministériels, à quoi servent les discussions publique ? Comment les talens,
dont la France a un si grand besoin, se
produiront-ils à la tribune ? Quelle différence restera-t-il entre les députés royalistes
et les députés ministériels? Aucune qui ne
soit à l'avantage de ces derniers; car il est
beaucoup plus profitable de se mettre à la
suite de cinq à six ministres qui ont chacun
un portefeuille, beaucoup de places à donner, de grâces à accorder, qu'à la suite
d'un seul ministre sans portefeuille, qui n'a
que des espérances à offrir.

Cependant, il est si vrai que ces réunions
particulières, quand elles ne sont pas for-
mées par des doctrines, tendent à rétrécir
tous les intérêts, à les personnifier, qu'on
n'entend plus dire et répéter autre chose,
sinon que la monarchie ne peut être sauvée
qu'en donnant toutes les places aux roya-

listes, tandis qu'on ne dit presque plus que
le gouvernement représentatif ne sera af-
fermi que quand nous aurons les principes
et les institutions qui s'unissent naturellement à cette forme de gouvernement. Du
moins, en 1815, la tribune vengeoit les
royalistes des calomnies répandues contre
eux ; ils faisoient de si nobles efforts pour
rétablir la morale publique, pour émanci-
per les communes, pour affranchir la propriété et l'industrie du poids d'une administration sans proportion avec nos besoins et
nos ressources , que les accusations mou-
roient au bruit des applaudissemens de tous
les vrais Français; mais depuis qu'un homme
s'est mis à la place de nos doctrines, pour
devenir quasi-ministre, par une conséquence
nécessaire les hommes publics n'ont plus de
doctrines, et ce n'est plus que par les places
que chacun désire pour soi, qu'on prétend
généralement affermir le pouvoir.

Qu'importent les hommes, si les institutions
ne nous défendent de leurs erreurs ; et, sans
les institutions, quel avenir les hommes peu-
vent-ils nous promettre ? De bonnes opinions

sont bonnes; mais si elles sont une garantie
de plus dans ceux qui tiennent le timon de
l'Etat, et qui auroient des talens, elles sont
d'un intérêt moins puissant qu'on ne le croit
dans les places secondaires. M. Turgot a été
le plus habile intendant de nos jours; il a
créé la province dont l'administration. lui
étoit confiée. Appelé au ministère, il avança
la chute de la monarchie. Ses principes
d'économie politique étoient admirables,
appliqués à une province où tout étoit à
faire, et furent mortels à une vieille monarchie qui n'alloit plus que par habitude.

D'ailleurs, qui n'auroit pas de bonnes
opinions pour arriver à de bonnes places,
dans un siècle où on professe les meilleures
opinions possibles, selon les circonstances,
pour obtenir des places médiocres ? Depuis
que tous les services publics sont soldés,
quiconque sollicite une fonction demande
de l'argent; cette vérité, qu'aucune hypo-
crisie ne peut déguiser, suffiroit pour faire
crouler le système qui prétend fonder la
stabilité d'un Etat sur les bonnes opinions de
ceux qui attrapent des emplois. Quelle place

en France n'est pas poursuivie par dix,
vingt, trente prétendans? Tous ne se van-
tent-ils pas de l'excellence des opinions qu'ils
professent, et, par dessus, de la pureté, de
la chaleur des sentimens qui les animent?
Quand vous aurez donné toutes les places à
un parti, depuis les directions - générales
jusqu'aux bureaux de loterie et de tabac,
ceux qui n'en auront pas obtenu (et ce
sera neuf sur dix) resteront là encore pour
crier que tout est perdu, et que le gouvernement néglige ses plus sincères partisans.
Jamais folie n'a été plus grande que celle de
prétendre fonder la stabilité d'un Etat sur le
zèle des hommes qui offrent pour garantie
le besoin qu'ils ont d'un emploi lucratif. Ce
n'est jamais ceux qui veulent être payés qu'il
faut avoir la prétention de satisfaire, mais
bien ceux qui paient, par conséquent la nation propriétaire, industrieuse et commerciale. Ceux qui la composent ne demandent
rien pour eux que la part qui leur appartient dans les libertés publiques ; ils appor-
tent au trésor pour tous ; entrez franchement dans un système qui les satisfasse ;

prouvez-leur, par la conséquence de vos
actes, que vous ne couvez pas l'absurde pensée de leur retirer en détail les garanties
que vous leur avez accordées comme une
généralité ; qu'ils sentent que les grands intérêts publics sont conduits vers le but indi-
qué par la forme du gouvernement adopté,
alors vous n'aurez plus besoin de donner à
vivre aux bonnes opinions et de gratifier les
bons sentimens ; vous aurez une majorité
fixe dans la Chambre et hors de la Chambre.

Rien peut-être n'est plus digne d'inté-
resser l'observateur que le chagrin profond
qu'éprouvent les députés nouvellement élus.
Partis de leur département avec une conscience robuste et des principes arrêtés, ils
ont cru trouver à la tribune une direction
dans les hommes qu'on leur disoit formés
aux affaires ; et cette direction, ils l'auroient
reçue indifféremment des ministres ou des
députés déjà en réputation ; peu leur impor-
toit, pourvu qu'elle répondît au désir qu'ils
avoient de servir leur patrie. Egarés dans les
détours d'une politique qu'on veut leur apprendre, et qu'ils ne concevront jamais parce

qu'ils s'aperçoivent que, de tous côtés, elle est personnelle, ils se demandent ce que sont devenus leurs principes, ce qu'ils peuvent faire de leur conscience ; ils la cherchent, et croiront l'avoir perdue tant qu'ils n'en trouveront pas l'emploi. Ils s'inquiètent déjà de ce qu'ils diront dans leurs départemens lorsque, la session terminée, ils se verront devant ceux qui les ont choisis, et qui avoient fondé sur leurs choix de si grandes espérances. Que répondront-ils aux questions qu'on leur fera dans les provinces, où il y a du bon sens parce qu'il y a du désintéressement ? Comment parviendront-ils à faire comprendre qu'un seul député, dont la manie a toujours été de se croire le régulateur du gouvernement, est devenu la mesure qu'aucun royaliste ne doit dépasser ; qu'il faut le suivre s'il marche, s'arrêter s'il s'arrête, espérer s'il espère, craindre s'il tremble ; et tout cela sans qu'on en sache autre chose, sinon que cela est ainsi ?

Cette situation ne peut se prolonger ; si elle paroît déjà ridicule à ceux qui la supportent, qu'ils jugent de l'effet qu'elle pro-

duit sur ceux qui l'observent. On chercheroit
vainement à se faire illusion : c'est parce que
la minorité de 1819 a abandonné les doctrines publiques de la majorité de 1815, que
les députés royalistes sont aujourd'hui sans
action, et même sans projets. C'est en livrant
les libertés publiques, en acceptant l'arbi-
traire pour placer toute leur confiance dans
les hommes, qu'ils n'ont plus même la faculté de se confier en eux-mêmes. Ils écoutent
ce qu'on leur dit, et ne croient pas ; ils suivent
celui qui s'est fait leur chef, mais en soupi-
rant, en jetant sans cesse des regards en arrière pour voir s'ils pourront revenir sur leurs
pas. Aujourd'hui nombreux dans la Chambre,
les royalistes y peuvent moins que lorsqu'en
petit nombre ils y faisoient une opposition
imposante par l'unité de principes, et qu'à
l'aide de la liberté de la presse cette unité de
principes les relevoit dans l'estime de l'Europe. Depuis que les circonspects se sont
charges de diriger M. de Villèle, et qu'ils
ont tué *le Conservateur* qui les avoit sauvés
d'une réprobation générale, parce qu'ils
étoient venus chercher un abri sous nos doc·

trines, les accusations au dehors reprennent
toute leur activité. Comment repousser maintenant ces accusations? Où est cette union
de l'amour du pouvoir et de l'amour des libertés publiques, si éloquemment établie
par le plus éloquent de nos écrivains? Quels
moyens. reste-t-il pour persuader au dehors
que les royalistes ne sont pas disposés à ris-
quer une révolution nouvelle dans le fol
espoir de faire triompher le pouvoir absolu?
Qui se portera caution qu'ils n'avoient pas
une arrière-pensée lorsqu'ils professoient à
la tribune des principes qu'ils ont désavoués
plus tard, et lorsque la tribune est muette
depuis ce désaveu? Considérés comme parti
solidaire, qu'opposeront les royalistes aux
bruits offensans que leurs adversaires sèment
partout, qu'ils appuient sur une défection
qu'on ne peut contester, et dont le danger
s'augmente de toute l'incertitude qu'elle
laisse dans les esprits?

Il n'appartient qu'aux députés royalistes
nouvellement élus, et aux anciens députés
qui ont eu assez de prévoyance pour se tenir
à la réputation qu'ils avoient obtenue, de

répondre à l'attente de la France. Que ceux
qui entrent pour la première fois dans la
carrière avec les talens nécessaires pour
défendre ce qu'il y a de plus utile aux nations civilisées, le pouvoir et les libertés,
se persuadent bien que le parti révolutionnaire n'est fort que des sottises du parti du
pouvoir absolu. Ce ne sont pas les libéraux
qui, depuis cinq ans, nous ont empêchés
d'avoir un bon ministère, ce sont les circonspects. Ennemis hypocrites de tout ce qui
a du talent et du courage, ils l'éloignent
ou le corrompent. Ils nourrissent l'espoir
d'amener les esprits à cet état de soumission
où un ministre nommé par le Roi n'avoit
rien à contester avec le public, parce qu'alors
seulement ils oseroient se produire, sentant
bien intérieurement que leur nom ne feroit
qu'ajouter au ridicule de leurs prétentions,
dans un gouvernement où il faut subir la
publicité. En attendant qu'ils aient fait les
esprits assez soumis pour se déclarer hommes
d'Etat, ils brisent par tous les moyens à leur
disposition la possibilité de l'unité du ministère. Ils savent que des ministres incertains

dans leur marche, parce qu'ils ne sont pas
produits par une même doctrine, et parce
qu'ils ne veulent se soumettre à aucune doctrine, ne peuvent se soutenir que par des
reviremens de partis; qu'obligés de frapper
alternativement à toutes les portes, par conséquent à celle aussi que les circonspects
ouvrent et ferment à volonté, ils auront sur
eux une influence qui, dans la forme du
gouvernement adopté, ne doit appartenir
qu'aux Chambres représentant les intérêts
de la France. Des ministres foibles dans
l'opinion publique leur conviennent beaucoup mieux que des ministres forts d'une
grande réputation; ils enverront en ambas-
sade les talens nécessaires à l'intérieur, et
réserveront pour nous ceux qu'il nous seroit
fort agréable de voir au dehors.

Si ces misérables calculs pouvoient mener au
but que les circonspects ont marqué, en s'éton-
nant de la hardiesse du projet, on rendroit
justice à l'ensemble des conceptions, même
lorsqu'on les repousseroit ; mais les vues sont
si étroites, les moyens annoncent une si pro-
fonde ignorance des conditions de l'ordre

social dans tel système de civilisation donné
par le temps, qu'on rougit pour la France de
l'hésitation qu'elle montre devant des obstacles qu'un souffle feroit disparoître. Il faut
donc s'expliquer, et parler enfin sans détour
à ceux qui croient, avec des sous-entendus,
parvenir à élever le pouvoir sur les débris
des libertés publiques.

J'ai dit qu'aucun homme ne choisit le
gouvernement sous lequel il vit, j'ajoute
qu'aucun pays n'a le choix du système d'administration qu'il suit, et qui cependant fait
la force ou la foiblesse de l'Etat.

Lorsqu'une nation commence à se fixer,
son existence entière est fondée sur un système d'agriculture se concentrant en lui-
même; ce qui se produira dans chaque localité, se consommera dans la localité; esclaves,
serfs ou vassaux, la population se groupera
autour de chefs, protecteurs ou tyrans, mais
indispensablement maîtres. Tous les services
seront personnels, même ceux qu'on rendra
au Roi, parce que, dans cette production
directe et dans cette consommation directe,
il n'y a pas besoin de signes généraux

d'échange, et que l'Etat ne peut demander aux sujets que ce qu'ils ont. La force individuelle tiendra alors une grande place, l'adresse une petite, l'industrie et l'esprit aucune. Les mœurs seront dures, puisque les grands eux-mêmes ne connoîtront aucune des douceurs de la vie privée; les élémens n'en existent pas encore. Les objets de luxe seront rares, et formeront un contraste d'autant plus remarquable, qu'apportés du dehors par les guerres et les expéditions lointaines, ils ne se lient à aucune habitude nationale. Des Rois, trop efféminés pour se promener à cheval, n'auront d'autre ressource pour satisfaire leur mollesse qu'une charrette attelée de quatre bœufs. Point d'arts, point de sciences; la médecine même ne sera exercée que par des Juifs venus de l'Orient. Il n'y aura point d'intermédiaire entre les deux seules classes possibles, l'une qui possède la terre, protége et commande; l'autre qui la cultive, sert et obéit. Alors la monarchie pure est le gouvernement naturel; plus elle est absolue, mieux elle remplit sa destination. Cet état de civilisation n'est pas si loin de nous que nous n'en ayons les notions les plus positives; s'il pouvoit durer, il auroit son point de perfection; s'il étoit possible qu'il fût jugé par un esprit supérieur, hors de tout intérêt avec l'état de civilisation qui suit, les avantages de comparaison seroient, je crois, en sa faveur, surtout si l'on y faisoit entrer la facilité de maintenir la règle et de fixer les mœurs.

Mais le génie de l'homme, qui peut faire qu'une nation s'élève au-dessus des obstacles naturels qui arrêteroient les progrès de sa civilisation, ne peut faire qu'une nation n'avance pas tant que le chemin est ouvert devant elle. Au système d'agriculture se concentrant en lui-même, succède d'abord peu à peu, et bientôt avec un développement incalculable, le système d'agriculture fondé sur l'industrie et le commerce. Alors ce que la terre produit dans chaque localité doit excéder et excède ce qui s'y consomme; les échanges s'établissent; un signe général vient leur servir d'intermédiaire, et se multiplie autant que les besoins l'exigent. De nouvelles situations se forment; des classes intermédiaires s'établissent entre la classe qui commande et celle qui obéit. Les services personnels dus à l'Etat se traduisent en argent, et l'argent à son tour solde tous les services publics. Les hommes seuls devoient quand il n'y avoit que des hommes ; maintenant les choses ont acquis une valeur, et ce que cette valeur ajoute aux forces générales de l'Etat se traduit de même en argent ; à son tour encore l'Etat solde en argent les choses qu'il consomme. Cherchez l'ancienne société, vous ne la retrouverez plus. Le changement devient bien plus marquant encore, aussitôt que le signe intermédiaire des échanges et des services surpasse les besoins ; une route nouvelle s'ouvre à la consommation ; le crédit public vient ajouter au mouvement de la société, créant toujours des situations nouvelles par des désirs et des travaux nouveaux. L'excédant des objets d'industrie fonde la navigation, comme l'excédant du signe intermédiaire a fondé le crédit public ; une nation s'agrandit de tout ce qu'elle peut toucher ; et dès lors il n'est plus de fantaisies qui lui soient interdites, si le point du monde

le plus éloigné recèle les moyens de les satisfaire. La racine d'if ou de buis qui, deux
siècles avant, alloit se réduire en cendres
dans le foyer d'un vieux manoir, en partie
transformée en un coffret élégant, sert à
Constantinople à renfermer les joyaux d'une
odalisque, en partie transformée en pipes
ou en tabatières, se retrouvera dans la cein-
ture ou dans la poche d'un Africain et d'un
habitant de Philadelphie.

Tout est richesse, tout est mouvement, tout
est force par le système d'agriculture fondé
sur l'industrie et le commerce. Les mœurs
s'adoucissent de tout le charme de la vie
privée ; les habitudes changent ; et l'orgue
de Barbarie qui, trois siècles plus tôt, faisoit
l'admiration d'une cour entière, transporté
dans les carrefours sur le dos d'un malheureux, n'a plus d'autre mérite que d'attirer
la pitié sur ses besoins. Ah ! si ces Rois efféminés, qui charmoient leur mollesse en se
faisant traîner en charrette par des bœufs au
pas tardif et lent, pouvoient rentrer à Paris
un des jours consacrés à la promenade de
Long-Champ, en jetant les yeux sur ces
équipages si élégamment solides, ouverts

pour la curiosité, fermés contre l'intempérie
de l'air, dans lesquels le mouvement est d'autant moins sensible que l'action qui les emporte est plus vive, en contemplant ces chevaux si fiers à la fois et si dociles, croit-on
qu'ils regretteroient l'état de société tel qu'il
étoit de leur temps, et qu'ils ne trouveroient
pas plus simple de s'y placer que de faire ré-
trograder leur nation ? Si ce Roi, politique
plus habile encore que grand guerrier, et si
bon administrateur des revenus de ses do-
maines qu'il faisoit vendre les herbes de ses
jardins, apparoissoit au milieu de nous, pour
essayer de nouveau comment on nous gouverne, pense-t-on qu'il se plaindroit d'une
liste civile de 25 à 30 millions ? Notre Roi,
nos princes, si compatibles au malheur, ne
prouvent-ils pas combien ce revenu fixe et
toujours disponible leur donne de facilités
pour répandre des bienfaits ?

Sans doute on démolit des châteaux anciens et qui ne sont pas vieux : c'est une perte ;
mais on en bâtit aussi quelques nouveaux.
Trouveroit-on aujourd'hui un homme assez
féodal pour disputer à l'aigle le sommet d'un

roc afin d'y construire son domicile, l'entourer de bastions, de tours, de contre-murs,
et en rendre l'accès si facile à défendre qu'il
soit à peine abordable pour le propriétaire ?
Personne ne l'en empêcheroit, cependant ;
on ne l'empêcheroit pas non plus de pré-
férer des solives mal recouvertes de planches
à de brillans plafonds, des portes qui, ou-
vertes ou fermées, laissent passage aux vents,
à la menuiserie telle qu'on la fait de nos
jours, et les noires et tristes boiseries de
chêne aux peintures qui jettent à la fois tant
de lumière et de gaîté. Il lui seroit égale-
ment permis de se meubler si féodalement
qu'il n'eût à offrir à ses hôtes qu'une chambre
d'honneur contenant quatre lits d'une
largeur et d'une grandeur telles que, dans
chaque, quatre hommes pussent coucher à
la tête et quatre aux pieds. Mais non, les
mœurs, les goûts, les habitudes sont les mêmes,
bien que les idées et les prétentions soient
différentes; tout homme est de son siècle plus
qu'il ne le croit; et si les châteaux anciens se
hissoient sur les montagnes, les châteaux
nouveaux descendent d'eux-mêmes à mi-

côte, pour s'unir graduellement aux prairies; et, loin de s'entourer de fortifications, ils veulent des jours ménagés dans de simples murs de clôture, afin que rien ne les sépare de ce que la vue peut atteindre. Même volonté pour l'arrangement intérieur; car ce n'est qu'au milieu de toutes les commodités du luxe qu'on a bonne mine à regretter les temps anciens. Les conditions de l'état de civilisation sont la propriété de tous; et, pour rêver un passé qu'on ne s'explique pas, car il a en effet toute la confusion d'un rêve, personne ne veut renoncer, ne pourroit renoncer aux avantages du présent. Si ce n'est pas mieux, c'est autre; si ce n'est pas la perfection, c'est l'état naturel de l'époque où l'on vit. Je suis persuadé que le prince que nous avons si cruellement perdu l'année dernière, par son âge plus près de nos mœurs, trouvoit l'Elysée-Bourbon plus commodément distribué que le château où naquit Henri IV; et l'un des premiers plaisirs qu'éprouva son auguste père en rentrant en France, fut de voir que notre patrie pouvoit hardiment provoquer, sur tous les points, une comparaison avec les pays les plus vantés de l'Europe.

Les forces d'une nation se déplacent, et ne disparoissent pas tant qu'une nation n'est point destinée à périr; elles augmentent au contraire par chaque situation nouvelle qui se forme , appuyée de nouveaux produits et de nouvelles consommations; et certes, au milieu des progrès de l'Europe, progrès partout fondés sur la même cause, le peuple qui seroit resté au point où il étoit sous le système d'agriculture se concentrant en lui-même, n'auroit pas aujourd'hui les moyens nécessaires pour résister aux attaques dirigées contre lui; preuve irrécusable qu'en suivant la route impérieuse de la civilisation., il n'a fait que veiller à sa sûreté. La sottise des faiseurs de systèmes, et la manie des beaux esprits, consistent à attribuer ces progrès nécessaires à des combinaisons soumises au génie de l'homme, lorsqu'ils ne sont que le résultat de l'instinct naturel à la société. Le monde ne va point parce qu'on le gouverne, mais bien malgré qu'on le gouverne.

Comme le pouvoir est une condition indispensable de tout état social, le pouvoir
aura gagné en moyens dans les mêmes pro-
portions que la société aura acquis; seulement, pour jouir de toutes les forces qui
résultent des nouveaux développemens de
la civilisation, il faudra qu'il cherche les
forces où elles sont, et non où elles ne sont
plus, du moins exclusivement; c'est là tout
le secret des gouvernemens modernes. Autrefois l'esclave obtenoit d'être affranchi s'il
rendoit des services, et l'affranchi obtenoit
d'être admis au nombre des hommes libres, à
de certaines conditions. Le système d'agriculture fondé sur le développement de l'industrie, affranchit les nations; elles comptent
irrésistiblement parmi les Etats libres aussitôt
qu'elles ont rempli les conditions de leurs
libertés. Qu'on cherche pourquoi la Flandre,
agricole et commerciale lorsque les autres
peuples n'étoient qu'agricoles, lutta si long-
temps contre la féodalité de l'Europe entière? pourquoi les Pays-Bas ont secoué le
joug de l'Espagne? pourquoi la liberté en
Angleterre s'est affermie à mesure que l'An-

gleterre se fixoit dans le système d'industrie que lui indiquoit sa position, système
qu'elle devoit par conséquent saisir avant
d'autres nations détournées, par l'espoir des
agglomérations territoriales, de chercher
en elles-mêmes leur véritable richesse? pourquoi les Etats-Unis d'Amérique marchoient
vers l'indépendance sur des motifs si naturels,
que leur prospérité s'est toujours accrue depuis qu'ils sont libres, *ce qui n'arrive jamais aux peuples qui cherchent la liberté
avant d'en avoir les conditions ?* Quand le
maître affranchit l'esclave, il ne peut que
briser sa chaîne ; quand le développement
de l'état social affranchit les nations, leur
esprit est déja libre ; aussi la liberté est-elle
par les mœurs bien avant d'être par les lois ;
les lois la règlent et ne la font pas ; et peut-
être nation ne fut-elle jamais plus malheu-
reusement libre par ses mœurs que la France,
depuis la dernière moitié du règne de
Louis XV jusqu'au commencement de la
révolution. A mesure que la richesse devient plus grande, plus générale, il y a plus
de situations personnelles indépendantes ;

et c'est de la multiplicité des situations au-
dessus du nécessaire que se forme la première garantie des libertés publiques. C'étoit
par l'indépendance de leur position que les
propriétaires de la terre étoient grands,
quand la nation n'étoit qu'agricole ; dans le
système d'agriculture fondé sur l'industrie
et développé jusqu'au crédit public, c'est
aussi de tout ce qu'ils possèdent au-dessus du
nécessaire que les capitalistes arrivent jusqu'à
traiter avec les gouvernemens. Etrange
folie des politiques de nos jours! ils veulent,
disent-ils, raffermir la monarchie en la ra-
menant à ses principes; et ils écrasent la
terre, ils enchaînent les propriétaires; par
une ordonnance récente, l'assemblage des
propriétés d'une commune ne peut nommer
et déplacer un garde-champêtre sans l'autorisation d'un sous-préfet et d'un préfet,
tandis que tous les sous-préfets et préfets
de la France, les ministres à leur tête, ne
peuvent rien contre les seigneurs de la
Bourse, jouant entre eux le crédit public;
trop heureux les gouvernemens, quand, par
des calculs secrets et des sacrifices publics,

ils peuvent empêcher ce jeu de produire
des alarmes qui, cotées minute par minute,
vont se communiquer à l'Europe entière, et
sont pour elle comme un avertissement politique de la situation où se trouve un État.

A mesure que les richesses se multiplient,
il y a plus d'indépendances personnelles;
par une conséquence nécessaire, plus il y a
d'indépendances personnelles, et plus il y
a de classes dont les avantages sont semblables. C'est là l'égalité qui se remue au
fond des cœurs; l'égalité absolue, mise en
avant, n'est qu'un moyen qu'emploie la première pour se faire reconnoître. Tout gouvernement qui ne saisit pas cette vérité,
risque plus qu'il ne peut gagner quand il
parviendroit à la méconnoître.

Les conditions semblables s'augmentent
dans un État de deux manières, lorsque les
unes s'abaissent, lorsque les autres s'élèvent.

Qui a ouvert un volume de notre histoire,
sait qu'autrefois les gentilshommes ne se re-
gardoient pas comme égaux entre eux, qu'ils
étoient classés dans un ordre de subordina-
tion, et qu'aussitôt que tel seigneur levoit

sa bannière, telle quantité de gentilshommes
devoient se présenter, sous peine de félonie,
même dans les guerres particulières des seigneurs entre eux. Quand le cardinal de Richelieu eut montré comment on détruisoit les
grands, les gentilshommes devinrent égaux ;
ils en furent fiers jusqu'à prendre au sérieux
cette politesse d'un monarque qui, sans argent, ayant ses États à conquérir, avoit dit que
le Roi n'étoit que le premier gentilhomme de
son royaume. Ce Roi-là étoit gascon. Il faisoit comme un général qui, au moment de
livrer bataille, dit aux siens: « Nous sommes
tous soldats », sans croire pour cela qu'il
n'y a point de différence entre les soldats,
les officiers et les généraux. N'en déplaise
aux gentilshommes, ils sont les premiers en
France qui aient réclamé l'égalité entre les
conditions semblables ; et leur égalité n'a
été vraie qu'au moment où s'est trouvé
abattu ce qui étoit au-dessus d'eux, ce qui
faisoit leur force et leur garantie.

Il n'en est pas de même de l'égalité que
réclament les situations sociales, créées par
le développement de l'industrie et du com-

merce; c'est en s'élevant que ces situations
sont devenues semblables à tout ce qui peut,
en France, prétendre à une considération
personnelle ; et, comme on ne pourroit les
faire descendre sans commencer par les affoiblir, on ne pourroit les affoiblir sans
diminuer considérablement les ressources de
l'Etat. Depuis que les hommes et les choses
ont une valeur que les gouvernemens traduisent en argent, pour soutenir la puissance
des nations, tout ce qui feroit baisser de
prix les hommes et les choses, seroit, en fin
de compte, une perte publique, une délé-
rioration qui se répandroit dans toutes les
parties de la société.

Il est difficile de comprendre pourquoi la
noblesse, en France, a toujours voulu rendre
le tiers-état responsable des pertes qu'elle a
faites, et par quelle fatalité elle s'obstine à
réclamer de nous ce que lui ont pris les gouvernemens. Le cardinal de Richelieu a détruit le pouvoir des grands seigneurs ; étoit-ce
pour le donner à la bourgeoisie ? Non, sans
doute. Il a réuni ce pouvoir à la royauté ;
et quiconque croit avoir à se plaindre de

l'opération , doit s'adresser à qui en a profité.
On a supprimé les droits féodaux ; étoit - ce
pour nous remettre ce qu'ils nous coûtoient?
Point du tout; ce fut pour les donner au
fisc; et l'administration de l'enregistrement
a décuplé, au profit du trésor royal, ce que
nous payions aux seigneurs pour avoir le droit
d'acquérir. Telle propriété rurale dont le contrat d'acquisition, sous le régime des droits féodaux, eût exigé une dépense de neuf cents fr.,
exige une dépense de onze mille francs depuis
le gigantesque établissement du timbre et de
l'enregistrement. Que ceux qui regrettent
leurs droits seigneuriaux aillent les chercher
là; ils y sont plus gros et plus forts que quand
on les leur a enlevés. On a supprimé la dîme ;
nous en a-t-on fait remise? Que l'on compare
le montant de l'imposition en 1790 au montant actuel de l'imposition sur la propriété
foncière, on aura encore la certitude que la
suppression des dîmes n'a tourné qu'au profit
de la fiscalité. Parce que dans tous les temps,
tous les gouvernemens , sans exception ,
n'attentent aux droits établis qu'en prétex-
tant le bonheur du peuple, croit-on qu'ils

donnent au peuple ce qu'ils enlèvent à la propriété? Sans doute la classe moyenne s'est élevée, enrichie, mais par ses œuvres, par ses créations, par son activité, et non de ce que le pouvoir a enlevé aux classes qui possédoient. Le pouvoir a tout gardé, parce que cela est dans sa nature, comme il est dans sa nature de tout envahir quand il n'y a pas de libertés publiques assez fortes pour y mettre obstacle. Cette vérité d'expérience me conduira bientôt à rechercher quels sont les véritables intérêts de la noblesse de province dans l'état actuel de la société.

Loin que le développement de l'industrie ait ruiné la terre entre les mains de ceux qui la possédoient, elle a augmenté sa valeur d'une manière considérable, ce qu'il est impossible de nier, puisque le prix de la terre s'est toujours élevé dans la proportion de la richesse générale, et bien au-dessus de la valeur comparative de l'argent aux différentes époques. Le pouvoir armé du glaive, et trop souvent du glaive de la justice, a confisqué pour enrichir ses flatteurs; l'industrie crée pour posséder. A qui Molière et Corneille ont-ils pris leur génie? Girodet ses pinceaux? Hennequin son éloquence? Lafitte et Delessert leur signature? Où seroient les richesses qu'ils ont produites, si la France étoit restée au système d'agriculture se concentrant sur lui-même? Heureux instrumens de richesse qui ne peuvent appartenir qu'à ceux qui les ont, dont les courtisans avides n'ont jamais demandé la confiscation, et qui rappellent sans cesse au pouvoir qu'il a des ménagemens à garder! En effet, pourquoi le Corps du Génie militaire est-il resté intact au milieu de tous les mouvemens contradictoires qu'on a donnés à l'armée? C'est qu'il faut aux membres de ce Corps des connoissances qu'on ne peut leur ôter pour les donner à ceux qui se présenteroient pour solliciter leur renvoi. On peut enlever à M. de Chateaubriand le titre de ministre d'Etat, et le donner à un homme incapable, positivement parce qu'il est incapable; sa plume n'est qu'à lui; elle a servi les Rois; ils n'en pourroient pas disposer. Tant il est vrai que, plus la civilisation avance par le système d'agriculture fondé sur le développement de l'industrie et du commerce, plus il se développe de situations sociales dont nos aïeux ne pouvoient avoir l'idée, et desquelles il résulte des indépendances personnelles qu'une politique éclairée doit faire entrer dans ses calculs.

Je ne sais si ce développement de l'industrie a été trop rapide, ou si les gouvernemens ont été trop négligens; mais n'ayant pas eu l'habileté de classer les intérêts qui venoient successivement donner une nouvelle forme à la société, il y a eu révolution. Je vais réduire ce mot à sa juste valeur dans l'emploi que j'en fais.

Le traité de Westphalie avoit fixé l'état politique de l'Europe, en satisfaisant, autant que possible, les intérêts de ceux qui étoient. La Russie n'étoit pas, la Prusse étoit peu, et l'influence de l'Angleterre se faisoit alors moins sentir sur le continent. Trois nouvelles situations se sont développées, et ont voulu se classer dans les intérêts généraux de l'Europe; rien n'est plus naturel. Soit que l'habitude de ne regarder jamais que le passé pour régler les choses du présent, ait fait

perdre l'occasion de contenir ou d'admettre
ces puissances en temps opportun ; soit que
l'habileté ait manqué, tout s'est opéré par la
force ; et il y a eu révolution dans l'ancien
état de l'Europe. Quel diplomate seroit assez
fou pour proposer de ramener les choses au
point où elles étoient au traité de Westphalie ? Eh bien ! les politiques qui rêvent pour
la France le retour au pouvoir absolu, sont
plus fous encore. Ce qui s'est fait par la
force des armes pourroit, à la rigueur, se détruire par les armes ; ce qui est le résultat
nécessaire d'un état progressif de civilisation, ne pourroit se détruire qu'en en dé-
truisant la cause. Qui, en ayant la puissance,
oseroit jeter la société en arrière de la position qu'elle a prise ? Les classes qui se sont
élevées par le développement de la civilisation, entreront dorénavant dans toutes les
combinaisons de la politique, parce qu'elles
sont, qu'elles vivent d'une force qui leur est
propre, et que les questions résolues par le
fond des choses sont à l'abri de l'atteinte des
combinaisons des hommes. Que de preuves
la révolution n'a-t-elle pas offertes de cette

vérité ! Des maniaques avoient proscrit l'argent : sous peine de mort, il étoit défendu d'en avoir chez soi. Leur papier - monnoie tombe en poussière ; il faut un signe d'échanges à l'état de la civilisation ; l'argent reparoît aussitôt, avec une abondance qui répond à tous les besoins. Raisonnablement personne n'auroit donné sa vie pour conserver un sac d'écus ; mais l'instinct général de la société, plus fort que la raison de chaque homme, fit que tout le numéraire indispensable, à la France fut conservé. Cet exemple de l'impuissance des lois, luttant contre les intérêts fondamentaux des nations, n'empêche pas que bien des gens ne s'imaginent encore que les lois font la société ; et depuis qu'à l'envi les uns des autres, les rois et les peuples se sont mis à être législateurs, le vulgaire tient les yeux fixés sur les assemblées où on délibère, pour savoir ce qu'il doit craindre, ce qu'il doit espérer. Les hommes sensés ont vu ce qui s'est passé depuis trente ans ; ils savent que les lois qui ne naissent pas de la situation de la société, n'amènent jamais que des malheurs. Les temps sont durs quelquefois ; mais lors même que les rivières sont gelées à leur surface, les eaux suivent, sous la glace, le cours naturel que le temps leur a tracé; et dès qu'elles la rompent, on s'aperçoit que pour avoir été contenues, elles n'avoient rien perdu de leur volume.

Pour avoir présenté l'état social de la France, tel que les siècles l'ont fait, et de l'aveu même des Rois qui ont accéléré le mouvement bien plus qu'ils ne l'ont retardé, je suis loin de conclure que parce que les conséquences de l'industrie sont aujourd'hui dominantes, il faut leur sacrifier la propriété, et fonder la stabilité de l'Etat uniquement sur les situations sociales nouvelles. Je conclurois au contraire que la véritable politique consiste à rendre de l'ascendant à la propriété territoriale, non pour qu'elle domine tout ce qui n'est pas elle, cela seroit impossible, dangereux et ruineux, mais pour qu'elle puisse se maintenir dans une certaine égalité contre tout ce qui tend à la primer. Eh bien ! c'est l'inverse que l'on fait en France depuis six ans, tout en disant

qu'on veut rétablir la monarchie, qu'on veut
renforcer l'aristocratie. Le pouvoir, comme
par dépit de voir tant d'indépendances personnelles s'élever par l'industrie, semble
vouloir se venger sur les propriétaires : parce
que l'industrie met beaucoup, et trop peut-
être, de liberté dans les esprits et dans les
mœurs, on croit se rattraper en écrasant
toutes les libertés territoriales; on ne veut
point de pouvoir communal, on ne veut pas
de pouvoir provincial ; on enchaîne la commune à un malheureux garde-champêtre
qu'elle ne peut congédier que de l'autorisation d'un préfet, sans même s'apercevoir
qu'on n'a pas la puissance d'enchaîner le
garde-champêtre à la commune, puisqu'il
n'a besoin de l'autorisation de personne pour
prendre son congé lui-même, si cela lui plaît,
et quand cela lui plaît. Le maître appartient
au valet, le valet n'appartient pas au maître.
Ce renversement de toutes les idées monar-
chiques, dans un objet aussi secondaire,
frappe de stupeur : on frémit de voir l'esprit
de police agissant sans cesse contre l'esprit
du gouvernement; car si cette incroyable

mesure a un motif probable, ce ne peut être
que de créer, par l'ensemble des gardes-
champêtres, une police·politique aux préfets, au lieu d'une police rurale nécessaire
au maintien de la propriété; et cela dans
l'année où un de nos princes a été assassiné
à Paris au milieu de toutes les ressources
d'une police richement dotée, au moment
où les incendiaires essaient leurs inventions
infernales jusque dans l'appartement de nos
Rois. Qui ne s'inquiéteroit en voyant le gouvernement ignorer lui-même les conditions
de son existence, briser les seules forces qu'il
peut mettre en balance avec des forces qu'il
ne peut saisir? On se demande comment, sous
les Rois légitimes, la commune a pu perdre
le choix libre de ses salariés, et recevoir une
humiliation dont l'idée ne s'étoit pas présen-
tée à l'esprit des ministres d'un usurpateur.

Que la noblesse de province, dont toute
l'existence est fondée sur la propriété, qui se
ruine en général au profit de quelques uns,
en cherchant d'autres moyens de se soutenir, considère l'état de la société, et n'oublie
jamais qu'elle est en France la classe la plus

intéressée à l'affermissement du gouvernement représentatif, c'est-à-dire à ce qu'il y
ait une *défense publique* des intérêts. Les capitalistes se défendent d'eux-mêmes ; au
moindre signe qu'ils font de retirer leur confiance, les caprices ministériels s'arrêtent.
Les taxes imprudentes sur l'industrie, en diminuant la consommation, font reculer l'avidité fiscale. Où sont les défenses naturelles
et instantanées de la propriété rurale? Nos
Rois ne sont plus propriétaires; les grandes
propriétés des ordres religieux et politiques,
dont l'immutabilité étoit comme une barrière insurmontable aux envahissemens du
fisc, ont été dispersées en parcelles ; la propriété, sans avant-poste, sans esprit de corps
possible, n'a plus pour se défendre que la
force de l'individu. C'est trop peu, les événemens l'ont prouvé. Lorsqu'on l'accable de
charges, rien ne fait reculer la fiscalité ; le
propriétaire, privé de revenus, gémit, attaque son capital ; et plus on obtient de lui,
plus on lui demande. Quel propriétaire peut
avoir oublié les réquisitions, les levées
d'hommes et de chevaux, les emprunts for-

cés, ses plantalions sur les berges des routes
déclarées propriétés nationales et laissées à
sa charge pour l'entretien, le produit de ses
bergeries mis sous la surveillance de l'administration publique, la spoliation des biens
des communes, les riches héritières inscrites
pour être offertes en dotations ; et le gouvernement se mettant ainsi à la place de la
puissance paternelle, comme s'il pouvoit
en remplacer la prévoyance ? Je ne rappelle ici que ce qui peut se dire en quelques
mots : si les détails ne m'éloignoient de mon
sujet, je ferois frémir ceux qui s'obstinent à
voir de l'aristocratie dans la propriété,
comme s'il y avoit aristocratie possible dans
un pays où on n'est pas le maître de ce
qu'on possède, et où la communauté de
propriétés,, loin d'être une force, devient
un moyen infaillible d'esclavage.

Se croira-t-on bien rassuré en disant que
c'est sous Buonaparte que ces choses se sont
passées ? Triste foiblesse de l'esprit humain
qui ne voit que des noms et des décrets, lorsqu'il devroit aller au fond des choses! Non,
cela ne s'est pas vu dans un temps qu'on appelle Buonaparte, mais dans un temps où la

société étoit privée de toute *défense pu-*
blique de ses intérêts. De ces choses-là , plusieurs ont été vues après le temps qu'on appelle Buonaparte, et se verront toutes les
fois que les besoins de l'Etat ne seront pas
exposés publiquement , toutes les fois que
les moyens d'y pourvoir ne seront pas discutés publiquement. C'est toujours où il n'y
aura pas de résistance que la fiscalité, impi-
toyable et lâche, s'adressera. Puisque le commerce , l'industrie , les arts , les sciences ont
prospéré , tandis que la propriété souffroit ,
n'est-il pas sensible que les situations sociales
nouvelles, assez fortes pour s'être élevées
d'elles-mêmes , assez flexibles pour se maintenir dans tout ordre de choses , à la rigueur
cosmopolites comme l'homme lui-même ,
ont en elles une résistance que n'a plus la
propriété rurale , ancienne situation de la
société ?

Et c'est, dans ces circonstances , qu'on
s'obstine à prendre des mots pour des choses,
à diviser les propriétaires pour des vanités ;
qu'on met des opinions à la place des libertés
publiques , comme si les boules blanches et

les boules noires signifioient quelque chose sans l'union des intérêts ; comme si une assemblée délibérante étoit une garantie quand la majorité, au lieu de marcher sous la bannière des doctrines , marche sous le nom d'un homme ! Si cela continue , la France finira par croire que la représentation nationale n'est plus qu'une représentation au bénéfice de MM. tel et tel.

Pour les hommes qui n'ont pas de mémoire , et qui ont tout vu sans rien comprendre , il faut rappeler deux faits remarquables dans l'histoire de notre révolution ; ces hommes sauront alors si les assemblées publiques sont des libertés publiques , et s'il y a quelque puissance , fût-elle révolutionnaire, qui puisse résister à des intérêts bien compris et réunissant leurs efforts.

Au commencement de la révolution, des nobles, en émigrant, se séparèrent des classes moyennes, puissantes d'action et de volonté; nous ne pûmes faire que des vœux pour ces exilés volontaires qui croyoient avoir une force suffisante en eux-mêmes, et qui furent presque toujours trahis partout où ils se trouvèrent réduits à chercher celle qui leur manquoit. Leurs biens furent confisqués et vendus.

Des nobles restèrent en France, et coururent avec nous les mêmes destinées. Sous le Directoire, *la représentation nationale* rendit un décret qui chassoit tous les nobles du territoire français, déclarant leurs biens acquis à la *patrie*, qui leur promettoit en échange des ballots de marchandises qu'ils auroient apparemment emporté sur leur dos. Ces nobles étoient au milieu de nous; leur défense nous appartenoit. Ils n'avoient à opposer que leur douleur; elle fut affreuse, mais passagère; le décret fut rapporté.

Le fait suivant est plus digne encore de réflexions, car nous fîmes rendre à la révolution une proie dont elle étoit déjà saisie. Un décret de la Convention, *représentation nationale* d'alors, assimila les biens des condamnés aux biens des émigrés; et chaque jour ce décret recevoit une sanglante exécution. Ces condamnés étoient là, leurs familles étoient présentes, leurs intérêts étoient les nôtres. Un des premiers actes qui suivit la

chute de la terreur fut la restitution des biens
des condamnés. Quand on dédaigne de chercher les forces de la société où elles sont,
elles se retirent sur elles-mêmes; quand on
paroît les mépriser, elles s'irritent; ce n'est
pas toujours par dépit, comme on le croit
communément, mais par la douleur de voir
que ceux qui s'isolent avec tant d'impru-
dence préparent de nouveaux combats qu'ils
sont hors d'état de soutenir, et dans lesquels
ils n'auroient encore pour auxiliaires que
ceux qu'ils accusent dans leurs jours de
folles espérances. Qu'on ne s'y trompe pas
cependant; les momens où une alliance
franche entre le passé et le présent est
possible, s'écoulent rapidement; la géné-
ration qui nous presse n'aura pas nos idées.
Endoctrinée pour prétendre à tout, elle
est impatiente de domination. N'ayant pas
connu ces temps de tranquillité qui nous
rattachoient au souvenir de la monarchie,
qui nous rendoient chère la société avec laquelle nous avions été élevés; si elle trouve
indécises les questions que nous pouvons aujourd'hui décider, elle les tranchera.

Par le développement naturel de la civilisation, la France possède toutes les conditions de ses libertés; le Roi ne nous les a pas
données; il les a reconnues; mais il avoit
profondément examiné l'état positif de son
royaume, et il nous a donné la Charte, bien-
fait inappréciable, non par les paroles qu'elle
contient, et qui pourroient n'être qu'un
éternel objet de controverse entre des esprits
divisés, mais parce qu'elle a tracé un cercle
dont on ne peut sortir sans se précipiter dans
de nouveaux malheurs. C'est dans ce cercle
que les intérêts des anciennes situations sociales et des situations sociales nouvelles
doivent long-temps se heurter et finir par se
concilier, ne conservant de leurs préjugés
réciproques que des souvenirs utiles, parce
qu'ils seront une direction. *Royalistes-cons-
titutionnels* et *Constitutionnels-royalistes*, la
sûreté de la France ne permet plus d'autre
différence d'opinions que celle qui se trouve
dans la transposition de ces mots. Et quand
je parle des nouvelles situations sociales,
qu'on ne s'imagine pas que je désigne les
situations nées de la révolution; la révolu-

tion n'en a créé aucune qui ne fût pleine et entière avant 1789, et qui n'ait pu entrer dans le système de l'ancienne constitution française, si l'absence des états-généraux n'avoit laissé toutes les classes sans défense.

Depuis l'ordonnance du 5 septembre, la division a régné parmi nous, et le trône a été réduit à proclamer lui-même qu'il étoit en péril, parce que des élèves de Buonaparte s'étoient dits de grands politiques en déclarant que, de l'usurpateur au Roi légitime, il n'y avoit que les draps du lit à changer; ils vouloient conserver, sous la bannière royale, un despotisme qu'ils exploitoient à leur profit; et ils l'ont fait. Ils se sont arrangés de la France comme si elle n'appartenoit à personne, pas même aux Français. Ne serions-nous sortis de ce système que pour voir, dans les mêmes intentions et sous d'autres formes, d'autres hommes se mettre à la place de nos libertés, nous en demander le sacrifice, nous jurer qu'il faut renoncer aux doctrines du gouvernement établi, parce que leur esprit suffira à tout? L'esprit de M. de Villèle plus grand que l'instinct général de la so-

ciété ! L'esprit de M. de Villèle plus fort que
les garanties données par la Charte ! L'esprit
de M. de Villèle capable d'absorber les élections demandées à genoux à la France im-
partiale, et qu'elle n'a pas accordées sans
conditions ! Ces conditions ont été clairement
exprimées : union du ministère et des royalistes ; le contraire est un scandale dont l'Écri-
ture-Sainte a annoncé l'inévitable catastro-
phe. Mais ce n'est pas l'union des hommes
par des négociations clandestines, et qui ré-
duisent le gouvernement représentatif aux
finasseries de la politique italienne au seizieme
siècle ; c'est l'union des esprits par des principes clairement exprimés à la tribune, et
qui ne soient jamais démentis par les actes
de l'administration ; voilà ce que la France
exige. Elle a vu tant de jongleries depuis
trente ans, qu'elle ne se livre plus au pres-
tige des paroles ; elle ne croit plus aux ser-
mens : les faits seuls peuvent la convaincre.
Buonaparte avoit usé les sous-entendus et les
arrière-pensées ; son règne des cent-jours ne
fut qu'une double intrigue dont tous les spec-
tateurs avoient le secret. Qui pourroit main-

tenant user avec succès des sous-entendus et des arrière-pensées?

Cependant les circonspects se croyoient arrivés au moment où ils pouvoient laisser entrevoir leurs desseins, comme s'ils n'étoient pas devinés depuis long-temps. En l'absence des Chambres, au milieu d'événemens qui ont ému tous les cœurs, rien ne les rappeloit à la vérité; ils entraînoient les royalistes par les sentimens, ce qui est toujours facile, tant qu'il n'y a rien à discuter. La Session s'ouvre, et aussitôt ce qui sembloit avoir été décidé par les sentimens, devient un objet de discussion : les formes du gouvernement représentatif réclament ce qui a été fait sans elles; et il n'est pas un seul discours, s'il renferme autre chose que des mots, qui ne soit rigoureusement conforme aux doctrines du gouvernement établi. Tant il est vrai que, dans tout régime qui admet la publicité, il est impossible de parler en présence d'une nation sans professer les seules doctrines qui soient d'accord avec les lois fondamentales de l'Etat.

Ce n'est pas de vaines protestations qui

satisferont la France; en exigeant l'accord
du ministère et d'une majorité fixe dans
l'intérêt du trône et des autres libertés, elle
veut que cette union soit tentée à la tribune,
afin que, si elle ne peut s'opérer, les électeurs jugent eux-mêmes, et en dernier ressort, si la faute en est au ministère qui, par
le mot accord, entendroit soumission, ou
aux députés qui, par le mot union, enten-
droient l'élévation de quelques uns d'entre
eux. Honte éternelle à quiconque a l'esprit
assez vil pour ne voir le salut de la monarchie que dans la distribution des emplois
lucratifs! La France veut surtout que les
hommes de son choix sentent l'importance
de leur mission, qu'ils soutiennent la dignité
de ceux qu'ils représentent, en ne recon-
noissant pour chef que celui qui exprime le
mieux à la tribune.ce que tous ont dans la
pensée. Il ne seroit pas plus rare, dans les
gouvernemens représentatifs que dans les
républiques, de voir des ambitieux s'emparer des idées dominantes pour commencer
leur réputation, en abandonner ensuite les
conséquences pour assurer leur élévation, si

la constance dans les doctrines n'étoit la
condition impérieuse que la partie éclairée
des nations modernes impose à quiconque
prétend mériter sa confiance. Abandonner
les doctrines qu'il a professées, est aussi
honteux pour un orateur politique, que la
fuite pour un militaire en présence de l'ennemi. C'est pour combattre que nous nom-
mons des députés, pour combattre au grand
jour; aussi le principe est-il, en Angleterre,
que la Chambre des Communes n'a pas tant
le droit d'accorder les subsides, qu'elle n'a
droit de les refuser. Que doit donc penser
la France, en voyant des ministres et des
députés pêle-mêle sans être unis, et cependant si bien confondus qu'on ne peut les
distinguer ? Que doit-elle penser en appre-
nant qu'une commission nommée par la
Chambre pour rédiger une adresse au Roi,
fait attendre les députés réunis en séance
publique, parce qu'avant de communiquer
à la Chambre les expressions écrites des
sentimens de la Chambre, il faut que ses
commissaires confèrent avec les ministres,
pour savoir si les sentimens et les expres-

soins que la Chambre adresse au Roi plai-
sent aux ministres? On croiroit être à la
Société-Piete, ou les députés royalistes vont
attendre que son excellence M. de Villèle
apparoisse, pour leur donner la permission
de penser et de dire. Ainsi que je l'ai remarqué, le premier inconvénient de ces
réunions particulières est de rétrécir les
esprits au point qu'ils ne se retrouvent plus
quand il faut soutenir le poids et la dignité
d'une discussion publique. Encore un peu,
tout se bornera à entendre crier *aux voix !
la clôture !* et la France n'aura plus d'autre
ressource que de réclamer la parole pour
ceux qu'on lui présente comme ennemis,
afin qu'ils lui disent du moins ce qu'elle doit
penser de ses amis.

S'il y a plus de décision, plus de franchise dans la partie éclairée d'une nation
que dans la Chambre de ses Députés, les
électeurs ne croiront-ils pas s'être trompés
dans leurs choix? Si la France royaliste, à
laquelle on s'est adressé dans les dernières
élections pour sauver la monarchie, di-
soit-on, s'aperçoit que le ministère ne pense

qu'à conserver la facilité de passer d'un côté de la Chambre à l'autre, pour attirer à lui les deux centres, ne croira-t-elle pas qu'on a joué son amour pour ses Rois, et ne cherchera-t-elle pas, dans les élections prochaines, à sauver du moins ses libertés? Il y a beaucoup d'électeurs qui n'ont pas des volontés flottantes, comme on le croit, mais des volontés conditionnelles, parce qu'ils veulent un résultat, sans connoître positivement les moyens de l'obtenir; ne sentiront-ils pas que, dans la situation où sont les choses, le parti qui reçoit des renforts et n'avance pas, recule; et que c'est trop peu que de se maintenir dans une position qu'on a soi-même déclarée fausse et dangereuse, surtout lorsque le parti opposé fait un mouvement habile, et se place sur le terrain où tout combat est bon et profitable?

La minorité de 1819, embarrassée dans les difficultés qu'elle a créées elle-même, prétend qu'elle n'a pas fait le sacrifice des libertés publiques. La liberté individuelle, la liberté de la presse ne sont-elles pas les seules *libertés légales* que nous ayons obtenues de-

puis l'établissement de la Charte royale? Si
les libertés légales ne composent pas toutes
les libertés publiques, si ce sont les royalistes qui débitent ces maximes, où allons-
nous? Tout le monde sera-t-il appelé encore
une fois à expliquer ce qu'il. entend par le
mot liberté? Sans doute, si les libertés qui
n'existent encore qu'en principes, et dont la
Chambre de 1815 avoit demandé que l'application fût réglée par des lois, nous avoient
été accordées, si elles étoient devenues une
jouissance non contestée, nous serions aussi
riches en libertés légales qu'il y a de liberté
non réglée dans nos esprits et dans nos mœurs;
alors en faisant le sacrifice momentané de
la liberté de la presse à des circonstances
qui seroient généralement reconnues impé-
rieuses; personne ne s'alarmeroit, parce qu'il
seroit impossible de concevoir des inquié-
tudes fondées ; mais lorsqu'on abandonne la
seule liberté légale (car la liberté individuelle n'est encore qu'un principe), et qu'on
ne porte à la tribune que de petites combinaisons obtenues par de petits moyens à la
Société-Piete ; lorsqu'on négocie pour soi,

après avoir sacrifié ce qui appartenoit à
tous ; lorsque, dans ce sacrifice, on peut
être soupçonné d'avoir voulu se venger des
écrivains qui avoient pris la direction de
l'opinion publique au moment où la tribune
étoit devenue muette, on n'a pas le droit
de se plaindre de la sévérité avec laquelle
on est jugé.

Les députés, choisis par la France royaliste, se releveront-ils d'un servage qu'ils
n'ont admis que parce qu'ils l'ont trouvé
établi ? secoueront-ils le joug de la Société-
Piete, seul moyen de rappeler la minorité
de 1819 aux doctrines dont le dépôt lui étoit
confié ? Voilà ce que tout le monde se demande. On croit entrevoir quelques talens
dont la franchise, avec un peu de résolu-
tion, perceroit l'obscurité qui nous entoure.
Qu'ils sortent leurs pensées de la Société-
Piete pour ne voir que la Chambre , qu'ils
ne voient la Chambre que comme un moyen
d'être entendus de la France, et ils pourront, sans craindre , mesurer les réputations
qui les ont précédés. Mais tout le monde
semble attendre, pour se décider, qu'il y

ait quelque chose qui soit décidé, et ce quelque chose est si mystérieux que personne ne sait au juste ce qu'il attend.

. Le ministère lui-même, qui aime à croire qu'il s'est réuni aux royalistes, ne sait pas profiter d'une hésitation qui ne durera pas , pour engager à lui le côté droit, et fixer sa majorité de manière qu'elle soit honorable pour tous ceux qui la composeroient. Que lui en coûteroit-il ? rien, que de s'avouer que l'union par les hommes n'est presque toujours qu'un amas de trahisons secrètes; que l'union des esprits est la seule bonne, durable, et qu'elle ne s'opère que par des doctrines. Les doctrinaires sont ceux qui font des doctrines; les hommes d'Etat, ceux qui cherchent leurs forces dans les doctrines de l'Etat ; ils ne les font pas pour les circonstances; ils s'en appuient contre les circonstances. Mais lorsqu'il y a, dans un Etat, des doctrines publiques et des doctrines secrètes, tout est impossible, même la répression d'autres doctrines secrètes professées dans des intentions qui ne sont ni françaises, ni constitutionnelles, ni ministérielles. Voilà une partie de ce que tout le monde pense ; et si personne ne le dit tout haut, c'est peut-être parce que les ambassades menacent les écrivains défenseurs du pouvoir et des libertés. Moi, qui ne suis pas né, comme disent les circonspects, qui n'ai pas de nom, quoique je réponde quand on m'appelle douze fois par an dans six bureaux de perception, je ne crains pas les honneurs qui éloignent ; et j'écris dans l'intérêt de la vérité. Peut-être donnerai-je suite à cette première partie, peut-être n'en ferais-je rien ; peut-être même n'écrirai-je pas l'histoire de la présente Session, quoique j'en aie pris l'engagement. Bien qu'on soit impartial, comme doit l'être tout bon bourgeois, lorsqu'il y a deux partis en présence, il en est toujours un que l'on préfère, même alors qu'on ne veut pas s'en laisser dominer. Quand ce parti ne répond à rien, pourquoi l'écriroit-on ? Hélas ! on ne le sent que trop.

IMPRIMERIE DE LE NORMANT, RUE DE SEINE.

Abrégé de la Mythologie universelle, ou Dictionnaire de la Fable.
Par M. Noël. Un vol. in-12 de 650 pages, imprimé en petit-texte,
sur deux colonnes, broché, 5 francs.
Relié en basane. 6 fr.

L'Angleterre et les Anglais, ou Petit Portrait d'une Grande
Famille, copié et retouché par deux témoins oculaires. Trois
vol. in-8°., 15 fr.

Cours de Thèmes Grecs, précédé d'une Grammaire grecque ; par
L. A. Vendel-Heyl, professeur de rhétorique. Ouvrage ap-
prouvé par la Commission d'instruction publique. 1re partie,
2e édit.. 2 fr.

Cours de Thèmes Grecs, Syntaxe et Idiotismes. Par le même.
2e partie 3 fr.

Conciones poeticæ, ou Discours choisis des Poëtes, Latins anciens,
avec des argumens latins, des analyses en français, la meilleure
traduction ou imitation en vers d'un certain nombre de ces
discours, et des modeles d'exercices de Rollin, La Rue,
Binet, etc. Ouvrage classique adopté par l'Université royale
de France, à l'usage des colléges et des institutions, pour la
rhétorique et la seconde. Par M. Noël, chevalier de la Légion-
d'Honneur, inspecteur-général des études ; et M. de La Place,
professeur d'éloquence latine à la faculté des lettres de l'Académie de Paris. Avec cette épigraphe :

> La meilleure théorie de l'art sera toujours
> l'analyse des bons modeles.
> LA HARPE, *Cours de Littérature.*

Nouvelle édition, revue et corrigée, 5 fr.

Dictionnaire abrégé de la Bible, de Chompré. Par M. Petitot.
Un vol. in-12, 3 fr.
Le même, in-8°. 4 fr.

Dictionnaire de la Fable, ou Mythologie grecque, latine, égyp-
tienne, celtique, persane, syriaque, indienne, chinoise, ma-
hométane, scandinave, iconologique, etc. Troisieme édition,
revue, corrigée et considérablement augmentée. Par Fr. Noël.
Deux forts vol. in-8°, imprimés sur deux colonnes, et ornés
d'une figure allégorique, gravée d'apres le dessin de Girodet,
21 fr.

Dictionnaire Grec-Français, composé sur l'ouvrage intitulé *The-*
saurus linguæ Græcæ, de Henri Etienne, où se trouvent tous
les mots des différens âges de la langue grecque, leur étymologie,
leur sens propre et figuré, et leurs diverses acceptions justifiées par des exemples. Par J. Planche. Nouvelle édit. Un vol.
grand in-8° de pres 1500 pages, imprimé en petit-texte, sur
trois colonnes. En feuilles. 17 fr.
Relié en parchemin. 18 fr. 50 c.
Relié en basane, 19 fr.
Le même, un vol. in-4°, pap. fin, br., 30 fr.
Relié en veau, fil. 35 fr.

Dictionnaire des Sciences et Arts, contenant l'étymologie, la définition et les diverses acceptions des termes techniques usités
dans l'anatomie, la médecine, la chirurgie, la pharmacie, la
chimie, etc. — La botanique, les mathématiques, etc. — L'a-
nalyse, la mécanique, la statique, la physique, l'optique, l'élec-
tricité, le galvanisme. — L'astronomie, la géographie, la navigation. — La peinture, la sculpture, la gravure, l'imprimerie,
l'architecture, la marine. — Les arts et métiers. — La littéra-

ture, la grammaire, la rhétorique, la poésie, l'art dramatique. — La logique, la morale, la métaphysique, la théologie. — La jurisprudence, la pratique, la diplomatie, l'histoire, la chronologie, la numismatique. etc. Par Lunier. Trois gros vol. in-8°, en petit-texte, à deux colonnes, 24 fr.

Ephémérides politiques, littéraires et religieuses, représentant, pour chacun des jours de l'année, un tableau des événemens remarquables qui datent de ce même jour dans l'histoire de tous les siècles et de tous les pays. jusqu'au 1er janvier 1812, avec cette épigraphe :

Et quo sit facto quæque notata dies. Ovid. *Fast.*

Troisième édition, revue, corrigée et augmentée. Douze vol. in-8°, 48 fr.

Génie du Christianisme, ou Beautés de la Religion Chrétienne. Par F. A. de Chateaubriand. Sixième édition. Cinq vol. in-8°, fig., 30 fr.

Gradus ad Parnassum, ou Nouveau Dictionnaire Poétique latin-français, fait sur le plan du *Magnum Dictionarium Poeticum* du P. Vaniere, enrichi d'exemples et de citations tirés des meilleurs poëtes latins, anciens et modernes. Par Fr. Noël. Nouv. édit. Un vol. in-8° de près de 1000 pages, imprimé en petit-texte sur deux colonnes. En feuilles, 6 fr. 65 c.

Relié en parch., 7 fr. 65 c.

Relié en bas., 8 fr 15 c.

Le même, un vol. in-4°. pap. fin, broché, 15 fr.

Relié, veau, filets, 19 fr.

Histoire Ancienne, d'après Rollin; contenant l'histoire des Egyptiens, des Carthaginois, des Assyriens, des Medes, des Medes et des Perses, des Perses et des Grecs, etc. jusqu'à la bataille d'Actium Par J. C. Royou; 2e édit Quatre vol. in-8°, 24 fr.

Histoire du Bas-Empire, depuis Constantin jusqu'à la prise de Constantinople, en 1453. Par le même. Quatre vol. in-8°, 20 fr.

Histoire des Empereurs Romains, depuis Auguste jusqu'à Constance-Chlore, père de Constantin. Par le même. Quatre vol. in-8°, 20 fr.

Histoire de France depuis Pharamond jusqu'à la vingt-quatrième année du règne de Louis XVIII. Par le même. Six vol. in-8°, 36 fr.

Histoire Romaine, depuis la fondation de Rome jusqu'au règne d'Auguste. Par le même. Quatre gros vol. in-8°, 24 fr.

Histoire de la Campagne de 1815, ou Histoire politique et militaire de l'invasion de la France, de l'entreprise de Buonaparte au mois de mars, de la chute totale de sa puissance, et de la double restauration du trône, jusqu'à la seconde paix de Paris, inclusivement; rédigée sur des matériaux authentiques ou inédits; par M. A. de Beauchamp. Deux forts vol. in-8°, 13 fr. 50 c.

La première partie de cet ouvrage, comprenant l'Histoire de la Campagne de 1814, seconde édition, forme aussi deux forts vol. in-8°, 13 fr. 50 c. — Les deux ouvrages se vendent ensemble ou séparément.

Itinéraire de Paris à Jérusalem et de Jérusalem à Paris, en allant par la Grèce, et revenant par l'Egypte, la Barbarie et l'Espagne. Par F. A. de Chateaubriand. Troisième édition, revue et corrigée. Trois vol. in-8°, ornés d'une carte géographique, 18 fr.

Leçons Latines modernes de Littérature et de Morale, ou Recueil en prose et en vers, des plus beaux Morceaux des auteurs les plus estimés qui ont écrit en cette langue. depuis la renaissance des lettres. Par MM. Noël et de La Place. Deux vol. in-8°, 12 fr.

Manière d'apprendre et d'enseigner; ouvrage traduit du latin du P. Joseph de Jouvency, jésuite. Par J. E. Lefortier, professeur de belles-lettres à l'école centrale de Fontainebleau. Un vol. in-12, 2 fr. 50 c.

Mélanges de Politique, par F. A. de Chateaubriand. Deux vol. in-8°. 10 fr.

Mille et Une Nuits (les), Contes arabes, traduits en français, par M. Galland; continués par M. Caussin de Perceval, professeur de langue arabe au Collége de France. Nouv. édit. Neuf. vol. in-18 de 450 pages chacun, imprimés avec soin, en beaux caractères neufs, petit-romain gros œil, sur pap. d'Angoulême, 20 fr.

Naufrage du brigantin américain *le Commerce*, perdu sur la côte occidentale d'Afrique. au mois d'août 1815, accompagné du récit de la captivité des gens de l'équipage de ce bâtiment dans le grand désert. et des mauvais traitemens qu'ils ont eu à supporter de la part des Arabes qui les avoient faits prisonniers; suivi de la description de Tombuctoo et de la grande ville de Wassanah, inconnue jusqu'à ce jour; publié par M. James Riley, ancien capitaine et subrécargue dudit brigantin, traduit de l'anglais par M. PELTIER, auteur des *Actes des Apôtres* et de *l'Ambigu*. Deux vol. in-8°, broch. avec une carte géographique, 12 fr.

Nouveau Dictionnaire Français-Latin, composé sur le plan du Nouveau Dictionnaire Latin-Français, où se trouvent l'étymologie des mots français, leur définition. leur sens propre et figuré, et leurs acceptions diverses, rendues en latin par de nombreux exemples choisis avec soin et vérifiés sur les originaux. Par M. Noël. Nouvelle édition. Un vol in 8° de plus de 1000 pages, imprimé en petit-texte, sur trois colonnes.
En feuilles, 6 fr. 65 c.
Relié en parchemin, 7 fr. 65 c.
Relié en basane, 8 fr. 15 c.
Le même, un vol. in-4°, pap. fin, broché, 15 fr.
Relié en veau, filets, 19 fr.

Nouveau Dictionnaire Latin-Français, composé sur le plan du *Magnum totius latinitatis Lexicon Facciolati*. où se trouvent tous les mots des différens âges de la langue latine, leur étymologie, leur sens propre et figuré, et leurs acceptions diverses justifiées par de nombreux exemples choisis avec soin, et vérifiés sur les originaux. Par le même. Nouv. édit. Un vol. in-8° de plus de 1000 pages, imprimé en petit-texte sur trois col.
En feuilles, 6 fr. 65 c.
Relié en parchemin, 7 fr. 65 c.
Relié en basane, 8 fr. 15 c.
Le même, un vol. in-4°, pap. fin, broché, 15 fr.
Relié en veau, filets, 19 fr.

Œuvres de Virgile, traduction nouvelle. Par René Binet, ancien proviseur du Lycée Bourbon, et recteur de l'Université de Paris, professeur de littérature et de rhétorique à l'École militaire, au collége du Plessis-Sorbonne, auteur de plusieurs autres traductions. Troisième édition, revue et corrigée par l'auteur. Quatre vol. in-12, 12 fr.

Précis de l'Histoire Universelle, ou Tableau historique présentant les vicissitudes des nations, leur agrandissement, leur décadence et leurs catastrophes, depuis le temps où elles ont commencé à être connues, jusqu'au moment actuel. Par Anquetil. Quatrième édition. Douze volumes in-12, 56 fr.

Tableau des Alpes, poëme. Par F. S. Un vol. in-12, 2 fr. 50 c.

Tableau historique, géographique, militaire et moral de l'Empire de Russie, par Damaze de Raymond. Deux vol. in-8°. ornés de quatre cartes : Carte générale de Russie, par M. Lapie, Carte de la Route de Berlin à Pétersbourg, en deux feuilles; Plan de Pétersbourg, Plan de Moscou. 15 fr.

Traité des Etudes, ou manière d'étudier et d'enseigner les belles-lettres, par rapport à l'esprit et au cœur. Par Rollin. Nouv. édit. Quatre vol. in-12, 10 fr.

Théâtre de l'Opéra-Comique, ou Recueil des pièces restées à ce théâtre, pour faire suite aux théâtres du premier et du second ordre ; avec des notices sur chaque auteur, le titre de leurs pièces, et la date des premieres représentations. Huit vol. in-18, 16 fr.

Le premier volume contient : La Servante Maîtresse, de Baurans ; la Chercheuse d'Esprit, de Favart; Annette et Lubin, Ninette à la Cour, du même. — Le second volume contient : La Fée Urgele, de Favart; Isabelle et Gertrude, les Moissonneurs, l'Amitié à l'Epreuve, la Belle Arsene, du même. — Le troisieme volume contient : Les Deux Chasseurs et La Laitiere, d'Anseaume; le Tableau parlant du même; le Sorcier, de Poinsinet; le Roi et le Fermier, de Sédaine; Rose et Colas, du même. — Le quatrieme volume contient : Le Déserteur, de Sédaine; les Femmes vengées, Félix ou l'Enfant trouvé, On ne s'avise jamais de tout; Aucassin et Nicolette, du même. — Le cinquieme volume contient : Richard Cœur-de-Lion, de Sédaine, le Comte d'Albert, du même; le Cadi dupé, de Lemonnier; le Tonnelier, d'Audinot; le Maréchal Ferrant, de Quétant. — Le sixieme volume contient : La Bergere des Alpes, le Huron, Sylvain, Zémire et Azor, l'Ami de la Maison, la Fausse Magie, de Marmontel. — Le septieme volume contient : Les Deux Avares, de Fenouillot de Falbert; l'Amoureux de quinze ans, de Laujon; les Fausses Apparences, ou l'Amant Jaloux, de d'Hele; le jugement de Midas, les événemens imprévus, du même. — Le huitieme volume contient: la Rosiere de Salency, de Pezay; la Mélomanie, de Grenier; les Dettes, de Forgeot; Lodoïska, de Jaure, Montano et Stéphanie, du même.

Voyages du chevalier Chardin en Perse et autres lieux de l'Orient. Nouv. édit. plus exacte et plus complete que toutes les précédentes; avec des notes tirées principalement des auteurs orientaux, et une Notice chronologique de la Perse, depuis les temps les plus reculés jusqu'à ce jour. Par L. Langlès, membre de l'Institut, un des administrateurs-conservateurs de la Bibliothèque Royale, professeur de persan à l'école spéciale des langues orientales, membre de l'Académie royale de Gœttingue, de la Société d'Emulation de l'Isle-de-France, du Musée de Francfort, etc. Dix vol in-8° et un atlas in-fol. de 83 planches, représentant les antiquités et les choses remarquables du pays, 120 fr. ; pap. vélin 210 fr.

www.ingramcontent.com/pod-product-compliance
Lightning Source LLC
Chambersburg PA
CBHW052056270326
41931CB00012B/2775